KB101517

스마트한 생활을 위한

버전2

인터넷 활용

시대인

이 책의 구성

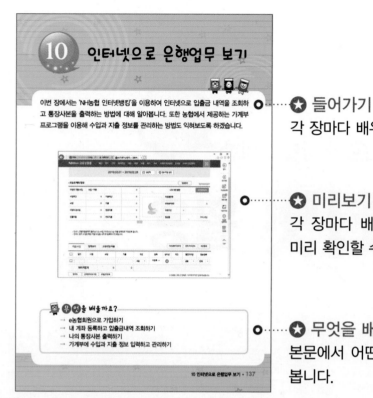

○····· ⭐ 들어가기

각 장마다 배우게 될 내용을 설명합니다.

○····· ⭐ 미리보기

각 장마다 배우게 되는 예제의 완성된 모습을
미리 확인할 수 있습니다.

○····· ⭐ 무엇을 배울까요?

본문에서 어떤 기능들을 배울지 간략하게 살펴
봅니다.

⭐ 따라하기 ·····○

예제를 만드는 과정을 순서대로
따라하면서 쉽게 기능을 습득할 수 있습니다.

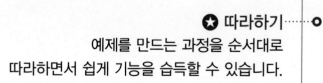

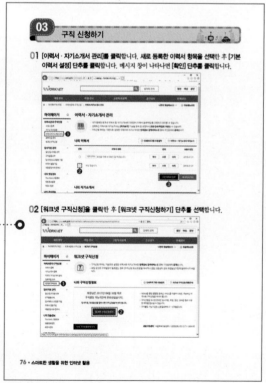

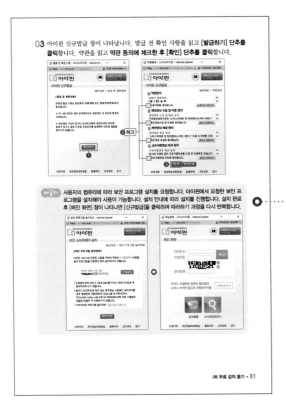

★ 배움터

본문에서 다루지 못한 내용이나 알아두어야 할
사항들을 추가적으로 설명합니다.

★ 디딤돌 학습

각 장마다 배운 내용을 토대로 한 번 더
복습할 수 있도록 응용된 문제를 제공합니다.
혼자 연습해봄으로써 실력을 다질 수 있습니다.

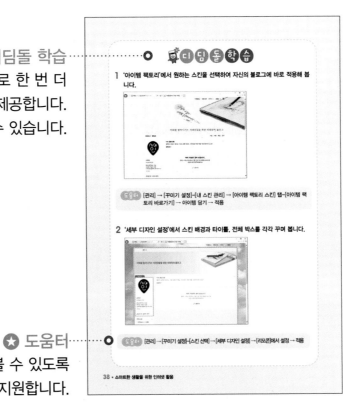

★ 도움터

혼자 연습해 볼 수 있도록
필요한 정보 또는 방법을 지원합니다.

목차

10장 │ 인터넷으로 은행업무 보기

01 인터넷 무료 클라우드 사용하기

이번 장에서는 네이버에서 무료로 제공하는 네이버 클라우드를 실행하여 나만의 클라우드 공간에 파일을 올리거나 내 클라우드에 저장되어 있는 파일을 다시 내 컴퓨터에 내려 받는 방법에 대해 알아봅니다. 또한 픽픽 프로그램을 이용해 저장된 사진을 편집하고, 인터넷을 통해 사진 인화를 신청하는 방법을 익혀보도록 하겠습니다.

 무엇을 배울까요?

⋯ 네이버 클라우드 실행하기
⋯ 네이버 클라우드에 파일 올리고, 이동하고, 내려받기
⋯ 픽픽 설치하고 사진 편집하기
⋯ 사진 인화 주문하기

01 네이버 클라우드 사용하기

🖱 네이버 클라우드 실행하기

01 '네이버(www.naver.com)' 홈페이지에 접속한 후 [NAVER 로그인] 단추를 클릭합니다.

02 로그인 페이지로 이동하면 **아이디 입력란과 비밀번호 입력란에 자신의 아이디와 비밀번호를 각각 입력**한 후 [로그인] 단추를 클릭합니다.

03 검색 입력란에 '네이버 클라우드'를 입력해 검색합니다. 검색 결과 중 '네이버 클라우드'를 클릭합니다.

04 [클라우드 시작하기 1단계] 대화상자가 나타나면 **동의 항목과 다운로드 항목을 각각 체크 표시**한 후, 자신의 운영체제에 맞는 네이버 클라우드 탐색기를 선택합니다. **[다음] 단추를 클릭**합니다.

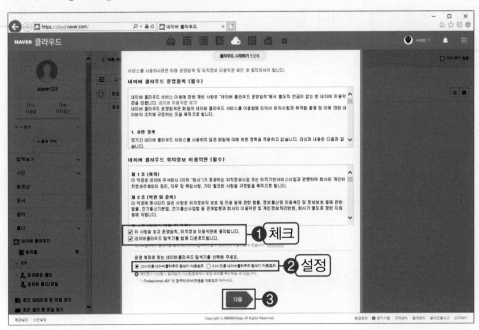

05 '네이버앱 알림으로 설치 URL을 보냈습니다.'라는 메시지가 나타나면 **[확인] 단추를 클릭**합니다. [네이버 클라우드 시작하기 2단계] 대화상자가 활성화되면 **[클라우드앱 설치완료] 단추를 클릭**합니다.

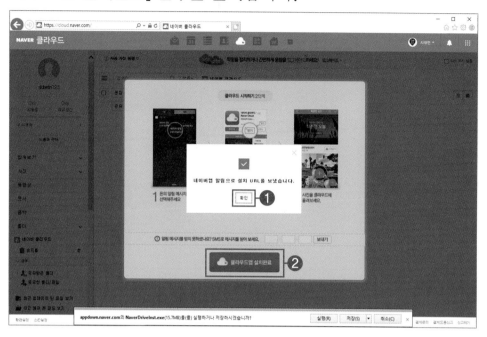

06 '네이버 클라우드 이용안내'가 표시되면 왼쪽 위에 표시된 **〈 나가기** 를 **클릭**합니다.

🖱 파일 올리기

01 'NAVER 클라우드' 페이지에서 **[올리기] 단추를 클릭**합니다. [업로드할 파일 선택] 대화상자가 나타나면 **업로드할 파일을 선택**하고 **[열기] 단추를 클릭**합니다.

02 [위치선택] 대화상자가 나타나면 **[확인] 단추를 클릭**합니다.

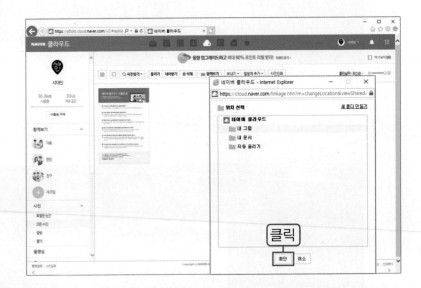

03 오른쪽 아래에 '3개 파일 올리기 완료' 메시지 나타나면 ✔를 **클릭**합니다. [네이버 클라우드 올리기] 대화상자가 나타나면 **[완료] 단추를 클릭**합니다. 선택한 **세 개의 그림 파일이 네이버 클라우드에 저장된 것을 확인**합니다.

🖱 파일 이동하기

01 파일 이동을 위해 왼쪽 메뉴에서 **[폴더]를 선택**합니다. 세 개의 **그림 파일을 클릭해 체크**한 후, **마우스 오른쪽 단추를 클릭**해 **[이동]을 선택**합니다.

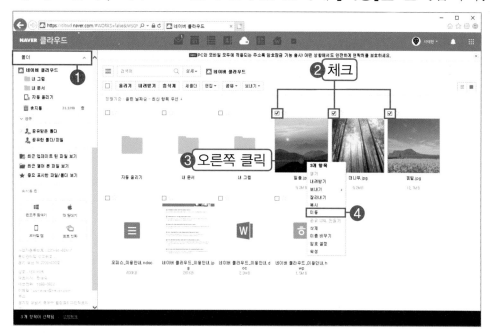

02 **[내 그림] 폴더를 선택**하고 **[확인] 단추를 클릭**합니다. **[내 그림] 폴더를 선택**해 파일이 **이동된 것을 확인**합니다.

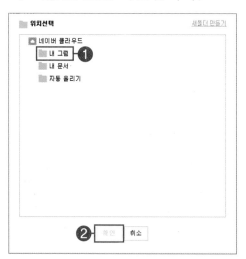
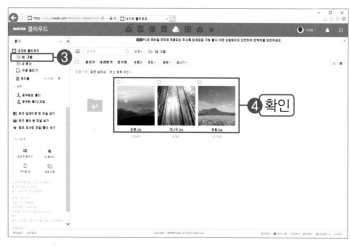

> **배움터** 파일을 선택한 후 드래그를 해도 파일이 이동합니다.

🖱 파일 내려받기

01 '네이버 클라우드 이용안내' 이미지를 선택한 후 마우스 오른쪽 단추를 클릭해 [내려받기]를 선택합니다.

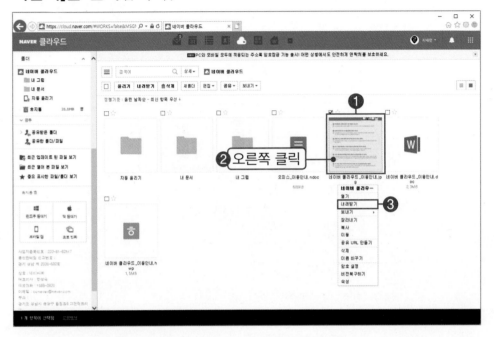

02 아래쪽에 실행, 저장 여부를 묻는 메시지가 나타나면 [저장] 단추의 ▾를 클릭해 [다른 이름으로 저장]을 선택합니다.

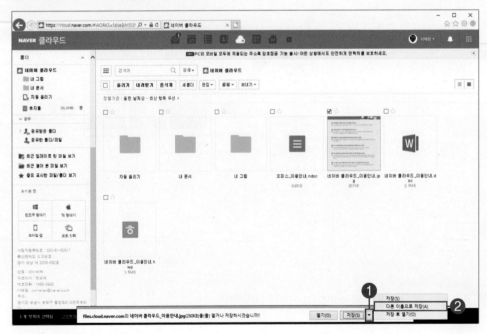

03 [다른 이름으로 저장] 대화상자가 나타나면 다운로드 받을 **내 컴퓨터의 위치를 지정**하고 **[저장] 단추를 클릭**합니다.

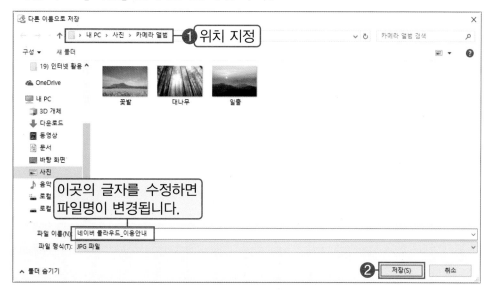

04 다운로드가 완료되면 아래쪽의 완료 메세지에서 **[폴더 열기] 단추를 클릭**합니다. 지정한 저장 위치 폴더에서 '네이버 클라우드 이용안내' 이미지가 다운로드 된 것을 확인합니다.

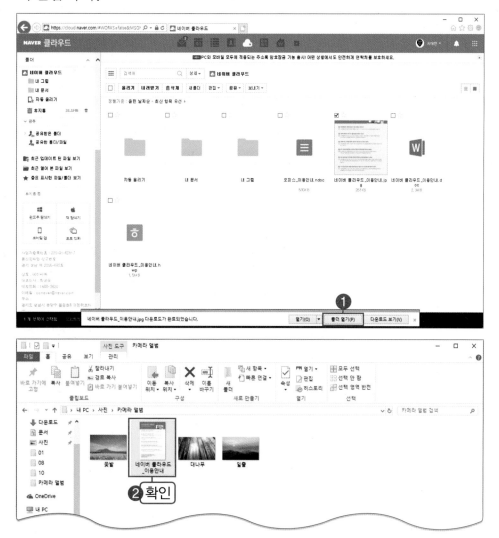

🖐 사진 편집 프로그램 픽픽(PicPick) 설치하기

01 를 **클릭**하여 '네이버' 홈페이지로 이동한 후, '**네이버 소프트웨어 자료실**'을 검색합니다. 검색 결과 중 '**네이버 소프트웨어**'를 **클릭**합니다.

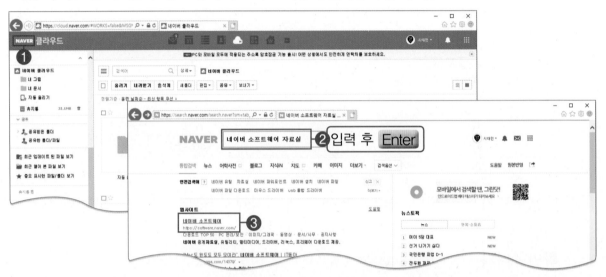

02 'NAVER Software' 페이지에서 '**픽픽**'을 검색합니다. '픽픽'의 [**무료 다운로드**] 단추를 **클릭**하고 [**확인 후 다운로드**], [**다운로드**] 단추를 순서대로 **클릭**합니다. 아래쪽의 실행 또는 저장 유무를 묻는 메시지가 나타나면 [**실행**] 단추를 **클릭**합니다.

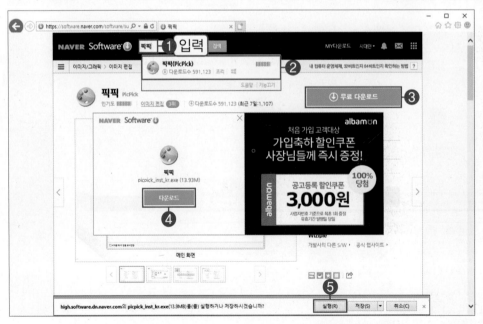

03 [픽픽 설치] 대화상자가 나타나면 설치 단계를 따라 프로그램을 설치합니다.

사진을 액자 안에 넣기

01 **'픽픽'을 실행**한 후 **[열기]를 클릭**합니다. [열기] 대화상자가 나타나면 편집할 사진들을 **Ctrl 키를 누른 채 클릭**하여 선택한 후 **[열기] 단추를 클릭**합니다.

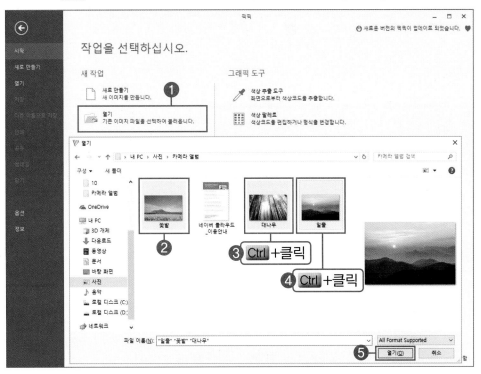

02 사진이 열리면 [홈] 탭–[이미지] 그룹에서 **[효과]를 클릭**한 후 **[테두리 및 액자 효과]를 선택**합니다. **'단색 테두리'를 체크 해제**하고 **'액자 효과'를 체크**합니다. **액자 효과로 'Spring Note'를 선택**한 후 **[확인] 단추를 클릭**합니다.

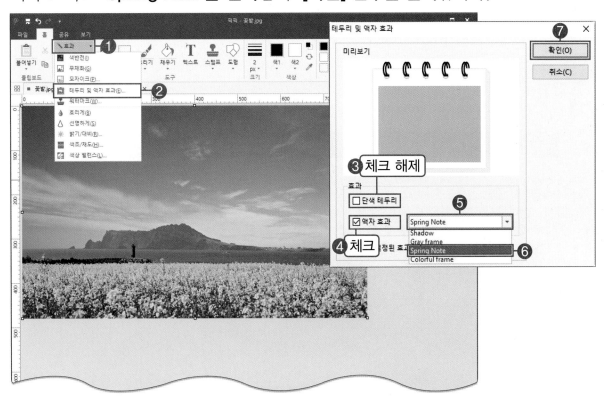

03 상단의 메뉴에서 **[파일] 탭을 선택**하고 **[다른 이름으로 저장]을 클릭**합니다. 파일 형식은 **[JPG]를 선택**한 후 [다른 이름으로 저장] 대화상자가 나타나면 **파일 이름을 '액자 효과'로 입력**하고 **[저장] 단추를 클릭**합니다.

🖱 사진에 워터마크 삽입하기

01 상단의 사진 이름 탭에서 **다른 그림을 선택**합니다.

02 [홈] 탭-[이미지] 그룹에서 **[효과]-[워터마크]를 선택**합니다. [워터마크] 대화상
자가 나타나면 ⋯ 를 클릭해 **삽입할 워터마크를 지정**하고 **우측 하단의 위치를 선**
택한 후에 **[확인] 단추를 클릭**합니다.

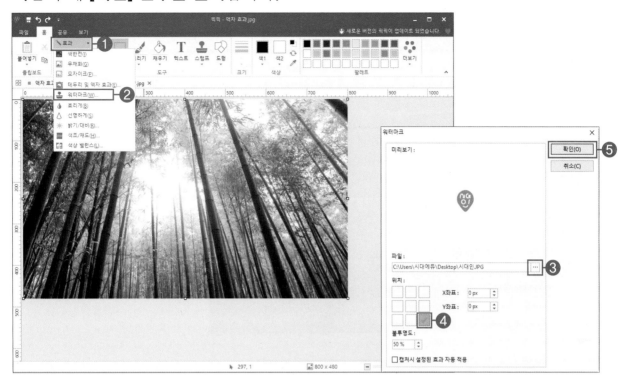

> 워터마크는 디지털 파일에 저작자를 밝히기 위해 흐릿하게 삽입하는 이미지, 이름표
> 입니다.

03 완성된 이미지를 확인해 봅니다. 파일 이름을 **'워터마크'로 저장**합니다.

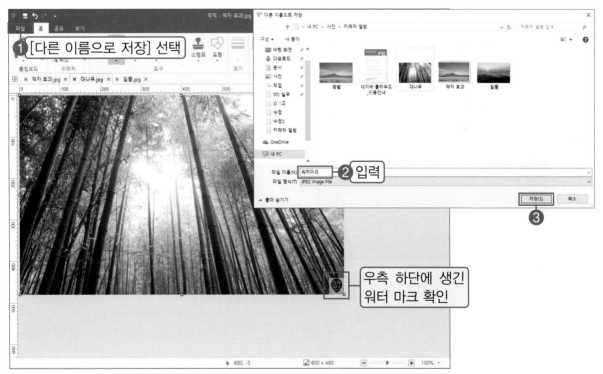

🖱️ 사진을 좌우 반전하기

01 상단의 사진 이름 탭에서 **다른 그림을 선택**합니다. [홈] 탭–[이미지] 그룹에서
[회전]–[좌우로 대칭 이동]을 선택합니다.

02 사진의 좌우가 바뀐 것을 확인합니다. 파일 이름을 **'좌우대칭'으로 저장**합니다.

03 사진 인화하기

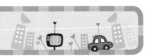

01 'NAVER 클라우드' 페이지의 [내 그림] 폴더에서 **[올리기] 단추를 클릭**해 [업로드 할 파일 선택] 대화상자가 나타나면 **편집한 사진들을 선택**한 후 **[열기] 단추를 클릭**합니다.

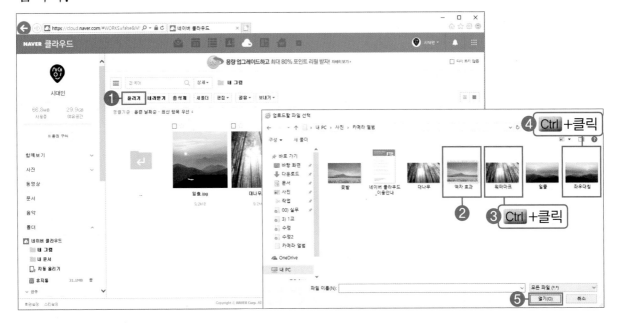

> **배움터** 네이버 클라우드의 [올리기]는 현재 지정되어 있는 폴더의 위치에서 올리기를 실행합니다.

02 사진 인화를 하기 위해 왼쪽 메뉴에서 **[포토 인화( )]를 클릭**합니다.

03 'NAVER 포토인화' 페이지가 나타나면 [서비스 정책 및 약관 동의] 대화상자에서 **'이용약관'과 '개인정보 수집 동의' 항목을 각각 체크 표시**한 후 **[확인] 단추를 클릭**합니다.

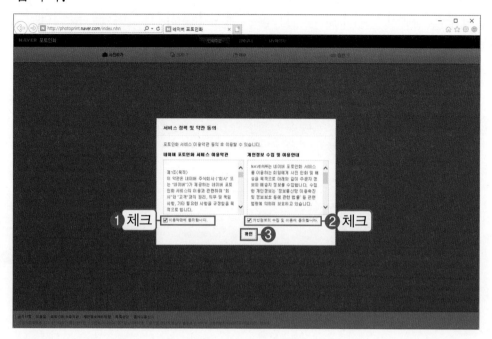

04 인화할 사진 선택 항목에서 **[내 포토앨범]을 클릭**합니다.

05 [네이버 클라우드 사진 추가] 창이 나타나면 이미지 목록에서 **인화할 사진을 선택**한 후 **[선택 사진 추가] 단추를 클릭**합니다. **[닫기(X)]를 클릭**합니다.

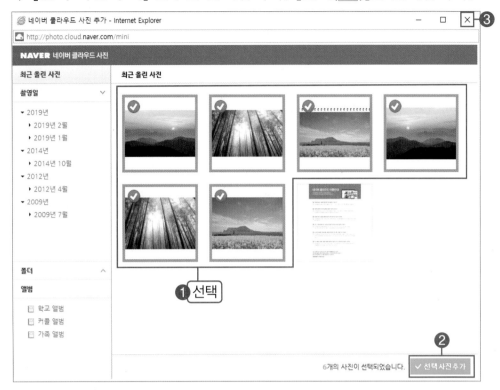

06 'NAVER 포토인화' 페이지의 [인화주문]에 사진 목록이 추가된 것을 확인합니다. 인화할 사진의 크기 및 매수 등의 **세부 항목을 설정**한 후 **[주문하기] 단추를 클릭**합니다.

07 [장바구니]에서 주문하기 정보를 다시 확인한 후 **[주문하기] 단추를 클릭**합니다.

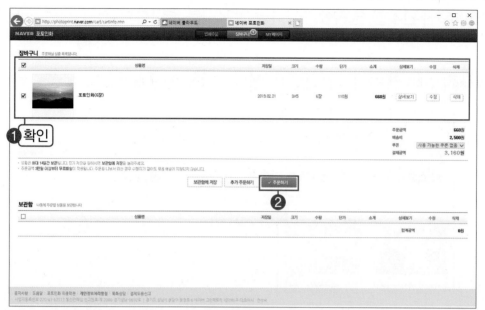

08 배송지 정보를 입력한 후, **[결제하기] 단추를 클릭**합니다.

09 절차에 따라 결제 과정을 완료합니다. 위쪽의 **[MY 페이지]를 클릭**하면 주문, 배송 조회 및 결제 취소 등을 할 수 있습니다.

1 '구글(www.google.com)' 홈페이지에 회원가입을 한 후 '구글 드라이브'를 확인해 봅니다.

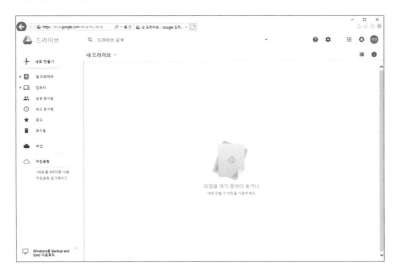

도움터 '구글' 홈페이지 오른쪽 위에서 [Google Apps(⊞)]를 클릭한 후 [드라이브(▲)]를 선택

2 내 컴퓨터에 있는 그림을 '구글 드라이브'에 업로드해 봅니다.

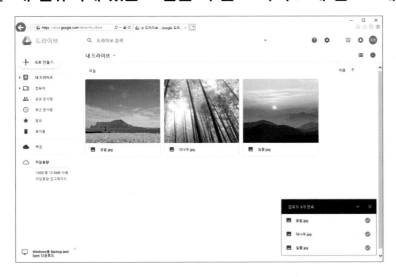

도움터  내 드라이브 의 파일 업로드... 를 클릭

02 내 블로그 꾸미기

블로그는 자신의 이야기를 담는 공간입니다. 이번 장에서는 블로그를 개설한 후 블로그의 제목, 별명, 소개글 등의 여러 가지 정보를 입력하고 프로필 사진을 추가하는 방법에 대해 알아봅니다. 또한 블로그를 예쁘게 꾸미기 위한 스킨 적용 및 세부 디자인 방법과 함께 카테고리를 추가하고 적용하는 방법을 익혀보도록 하겠습니다.

 무엇을 배울까요?

⋯ 블로그 정보와 프로필 사진 넣기
⋯ 아이템 팩토리로 스킨 꾸미기
⋯ 세부 디자인 설정으로 블로그 꾸미기
⋯ 카테고리 만들고 적용하기

01 블로그 만들기

🖱 블로그 기본 설정하기

01 '네이버(www.naver.com)' 홈페이지에 접속한 후 로그인합니다. 로그인이 되면 [블로그]를 선택한 후, [내 블로그]를 클릭합니다.

02 [블로그 쉽게 만들기]가 나타나면 [시작하기] 단추를 클릭합니다.

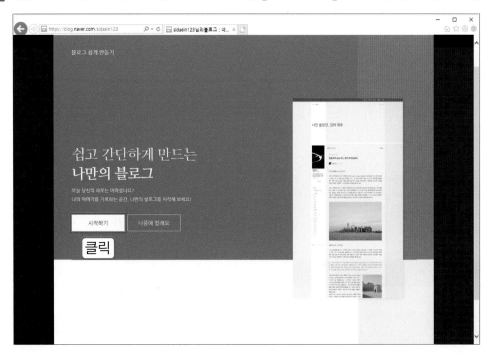

03 [01. 스킨 선택] 단계가 나타나면 마음에 드는 **스킨 위로 마우스 포인터를 이동**합니다. [미리보기] 단추를 클릭하면 적용되는 스킨을 미리 확인할 수 있습니다. 스킨을 적용하려면 **[이 스킨 사용하기] 단추를 클릭**합니다.

04 [02. 블로그 정보 입력] 단계가 나타나면 **별명과 블로그명을 입력**합니다.

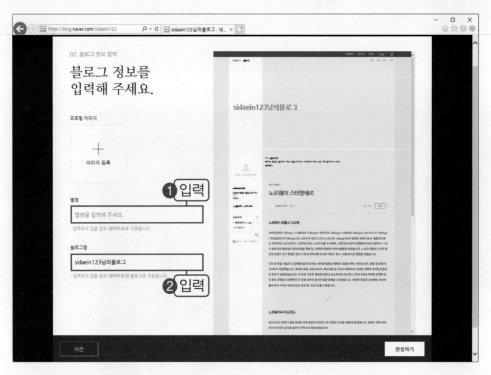

> **배움터** 블로그 정보를 입력하면 오른쪽 미리보기 화면에서 실시간으로 내가 입력한 별명, 블로그명, 프로필 이미지를 미리 확인할 수 있습니다.

🖱️ 프로필 사진 넣기

01 **[이미지 등록]을 클릭**합니다. [업로드할 파일 선택] 대화상자가 나타나면 프로필 사진으로 사용할 **그림 파일을 선택**한 후 **[열기] 단추를 클릭**합니다.

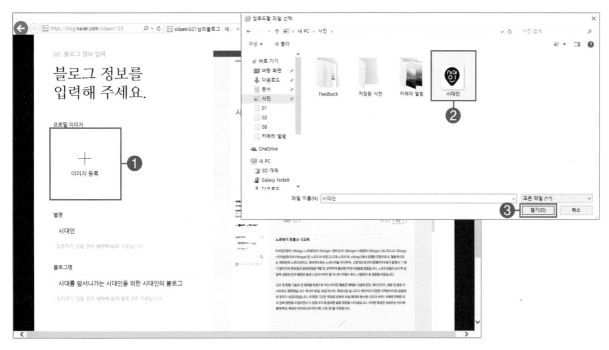

02 미리보기 영역에 선택한 그림이 나타나면 오른쪽 아래의 **[완성하기] 단추를 클릭**합니다.

03 '완성되었어요!'라는 메시지가 나타나면 **[내 블로그 가기] 단추를 클릭**합니다.

🖱 소개글 작성하기

01 내 블로그로 이동한 후 왼쪽 메뉴에서 **[관리]를 클릭**합니다.

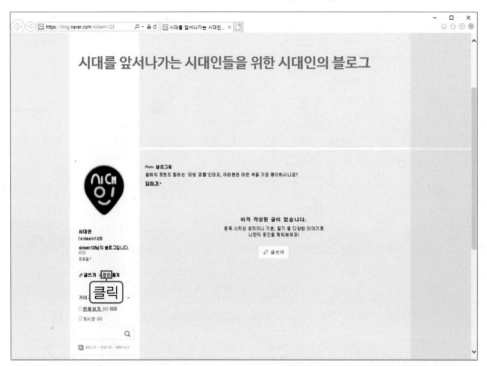

02 'NAVER 블로그 | 관리' 페이지가 나타나면 [블로그 정보]에서 **소개글을 입력**하고 하단의 **[확인] 단추를 클릭**합니다. '성공적으로 반영되었습니다.'라는 메시지가 나타나면 **[확인] 단추를 클릭**합니다. **[내 블로그]를 클릭**합니다.

02 블로그 꾸미기

아이템 팩토리 스킨 선택하기

01 왼쪽 메뉴에서 **[관리]**를 클릭합니다. '블로그 | 관리' 페이지가 나타나면 **[꾸미기 설정]**의 **[스킨]–[내 스킨 관리]**에서 **[아이템 팩토리 바로가기]**를 클릭합니다.

02 무료로 사용할 수 있는 스킨 목록이 표시되면 **원하는 스킨을 선택**합니다. 선택한 스킨의 정보 및 사용 범위 등을 확인한 후 **[아이템 담기]** 단추를 클릭합니다.

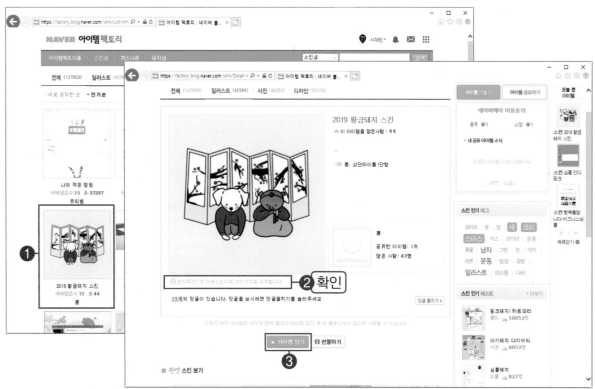

03 [아이템 담기] 창이 나타나면 스킨 작가분께 감사의 인사글을 남긴 후 **[스킨 바로 적용] 단추를 클릭**합니다. '현재 사용 중인 스킨 대신 새 스킨을 사용하시겠습니까?'라는 메시지와 '지금 확인하시겠습니까?'라는 메시지가 나타나면 각각 **[확인] 단추를 클릭**합니다.

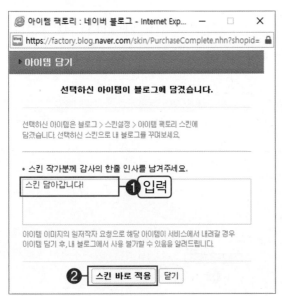

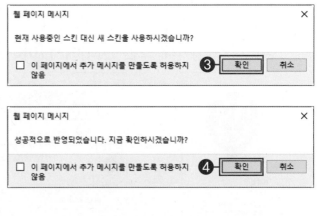

04 내 블로그에 선택한 스킨의 디자인이 적용된 것을 확인합니다.

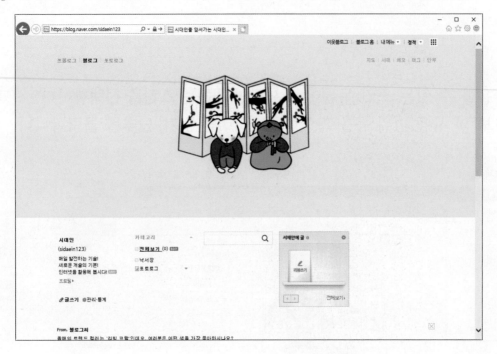

🖱 세부 디자인 설정하기

01 블로그 왼쪽 메뉴에서 **[관리]를 클릭**합니다. 'NAVER 블로그 | 관리' 페이지가 나타나면 **[꾸미기 설정]**의 **[스킨 선택]**에서 **[세부 디자인 설정]**을 클릭합니다.

02 오른쪽의 [리모콘]에서 **[타이틀]을 선택**한 후 [디자인] 목록에서 **원하는 타이틀을 선택**합니다. 타이틀이 변경되는 것을 확인합니다.

03 [리모콘]에서 **[프로필]을 선택**한 후 [디자인] 목록에서 **원하는 프로필 스타일을 선택**하여 프로필 디자인이 변경되는 것을 확인합니다.

04 [폰트]의 [내용색]을 **클릭**하여 **원하는 색을 선택**합니다. 프로필 안의 글자 색이 변경되는 것을 확인한 후 **[적용] 단추를 클릭**합니다.

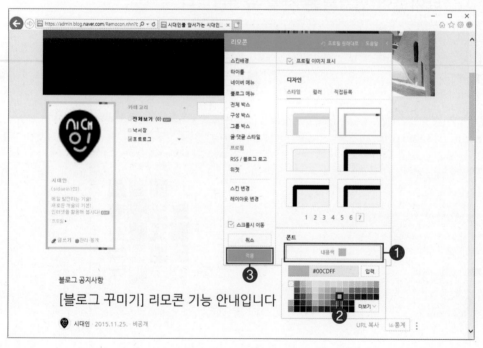

배움터 [프로필]에서 [컬러] 탭을 클릭하면 테두리 굵기와 테두리 색을 지정할 수 있습니다.

05 '현재 디자인을 적용하시겠습니까?'라는 메시지가 나타나면 **[적용] 단추를** 클릭합니다.

>  '내가 만든 스킨에 저장합니다.'를 체크하면 언제든 이 스타일로 되돌아 갈 수 있습니다. 저장된 스킨은 [꾸미기 설정]-[내 스킨 관리]의 [내가 만든 스킨] 탭에서 확인할 수 있습니다.

06 설정한 세부 디자인이 내 블로그에 적용된 것을 확인합니다.

01 블로그 왼쪽 메뉴에서 [관리]를 클릭한 후 [메뉴 · 글 관리]−[블로그]를 클릭합니다.

02 [카테고리 관리 · 설정]에서 [카테고리 추가] 단추를 클릭하면 '게시판' 카테고리가 만들어집니다. [카테고리명] 입력란에 '여행정보'라고 입력합니다. 카테고리 이름이 변경된 것을 확인합니다.

이곳에서 카테고리명을 수정할 수도 있습니다.

② '여행정보' 입력

03 '카테고리 전체보기'를 클릭한 후 다시 **[카테고리 추가]** 단추를 클릭합니다. '좋은글귀'로 이름을 변경하고 **[확인]** 단추를 클릭합니다. '성공적으로 반영되었습니다.'라는 메시지가 나타나면 **[확인]** 단추를 클릭합니다. **[내 블로그]**를 클릭합니다.

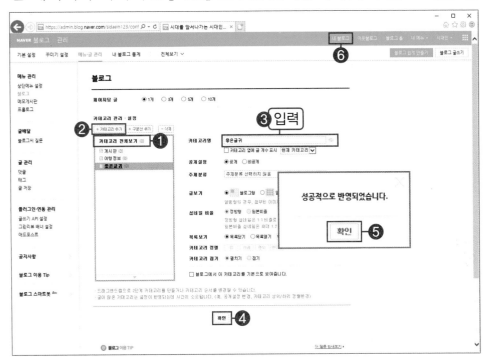

04 두 개의 카테고리가 추가된 것을 확인합니다.

1 '아이템 팩토리'에서 원하는 스킨을 선택하여 자신의 블로그에 바로 적용해 봅니다.

도움터 [관리] → [꾸미기 설정]–[내 스킨 관리] → [아이템 팩토리 스킨] 탭–[아이템 팩토리 바로가기] → 아이템 담기 → 적용

2 '세부 디자인 설정'에서 스킨 배경과 타이틀, 전체 박스를 각각 꾸며 봅니다.

도움터 [관리] → [꾸미기 설정]–[스킨 선택] → [세부 디자인 설정] → [리모콘]에서 설정 → 적용

03 블로그에 글쓰기 및 스크랩하기

이번 장에서는 기본 형식으로 내 블로그에 글을 쓰거나 여러 가지 글쓰기 도구를 이용해 디자인 요소가 가미된 글을 쓰는 방법에 대해 알아봅니다. 또한 분야별 파워블로그를 방문하여 게시된 글을 확인하고 댓글을 다는 방법과 다시 방문하고 싶은 블로그를 이웃으로 추가하고 좋은 게시글을 내 블로그로 스크랩하는 방법을 익혀보도록 하겠습니다.

 무엇을 배울까요?

  ⋯ 내 블로그에 글쓰기
  ⋯ 글쓰기 도구 활용하기
  ⋯ 파워블로그 방문하여 댓글쓰기
  ⋯ 이웃추가와 이웃추가 확인하기

01 내 블로그에 글쓰기

🖱 글쓰기

01 '네이버(www.naver.com)' 홈페이지에 접속한 후 **로그인**합니다. 로그인이 되면 **[블로그]를 선택**한 후, **[글쓰기] 단추를 클릭**합니다.

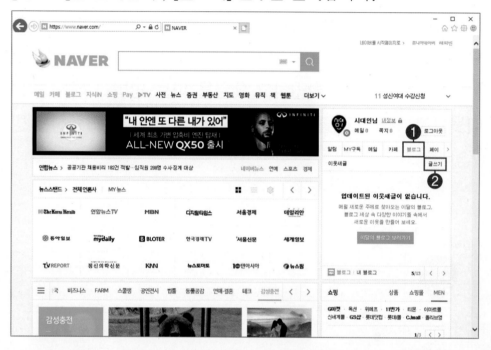

02 '글쓰기' 페이지가 실행되면 **제목과 내용을 입력하고 [발행] 단추를 클릭**합니다.

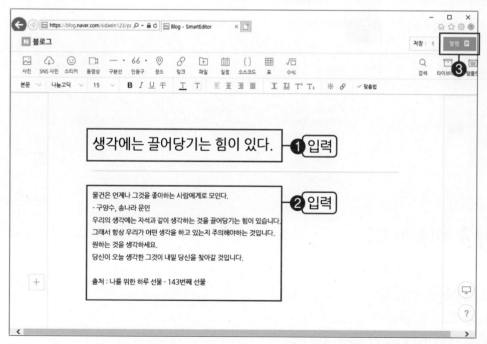

03 게시판의 종류를 '좋은글귀'로 변경하고 [주제 선택 안 함 〉]을 클릭해 '좋은글 · 이미지' 항목을 주제로 선택한 후 '이 카테고리의 글을 항상 이 주제로 분류'를 체크하고 [확인] 단추를 클릭합니다. [발행] 단추를 클릭합니다.

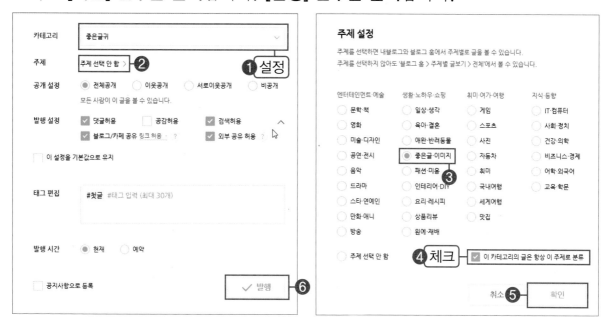

04 '내 블로그' 페이지로 이동되면 **[좋은글귀] 게시판을 클릭**하여 입력한 내용을 확인합니다.

> **배움터** '글쓰기' 페이지의 모습이 다르다면 [발행] 단추 옆의 ⋮ 를 클릭한 후 [설정]을 선택합니다. 기본 에디터 설정을 '스마트에디터 ONE'으로 설정합니다.

🖱 글쓰기 도구 활용하기

01 [좋은글귀] 게시판을 **클릭**한 후, [글쓰기]를 **클릭**합니다.

02 '글쓰기' 페이지가 실행되면 [검색(🔍)]을 **클릭**합니다. [책]을 **클릭**하고 검색 입력 란에 '**나를 위한 하루 선물**'을 **입력**한 후 Enter 키를 누릅니다. 목록에서 '**나를 위한 하루 선물**'을 **선택**합니다.

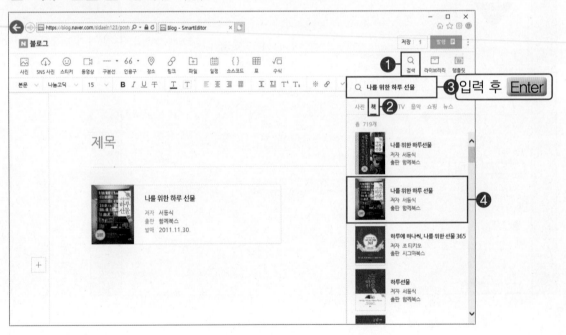

03 검색된 책에 대한 소개 내용이 표시되면 [인용구(66 ▾)]의 ▼를 클릭해 [라인&따옴표]를 선택합니다.

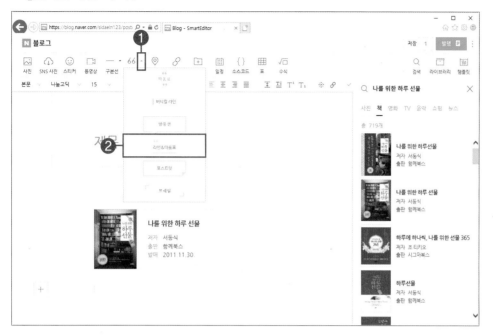

04 선택한 인용구 레이아웃이 나타나면 그림과 같이 **제목과 내용을 입력**합니다.

05 입력이 끝나면 [발행] 단추를 클릭하여 블로그에서 확인합니다.

02 이웃 추가와 스크랩하기

🖱 파워블로그 방문하기

01 내 블로그의 오른쪽 위에서 [블로그 홈]을 선택하여 'NAVER 블로그' 페이지가
나타나면 [파워블로그]를 클릭합니다.

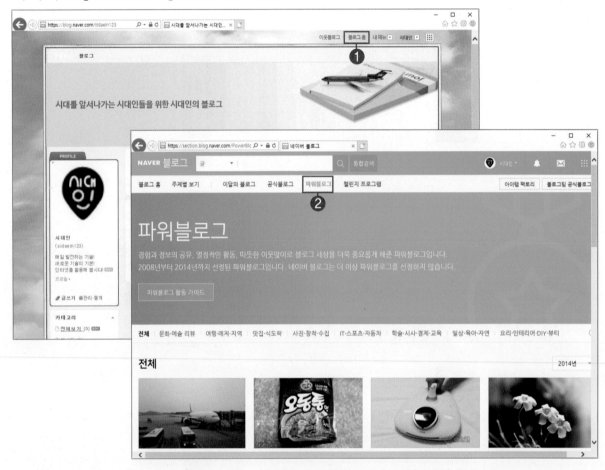

02 [여행 · 레저 · 지역]을 선택합니다. 해당 파워블로그 목록이 표시되면 **원하는 블**
로그를 선택합니다.

03 선택한 파워블로그 페이지가 나타나면 **원하는 게시글을 선택**합니다.

04 게시글 내용을 확인한 후 아래쪽에서 **[댓글]**을 클릭합니다. 댓글 입력란에 원하는 **내용을 입력**하고 **[등록] 단추를 클릭**하여 결과를 확인합니다.

이웃 추가하기

01 실행 중인 블로그를 이웃으로 추가하기 위해 **[이웃추가] 단추를 클릭**합니다.

02 [이웃추가] 창이 나타나면 **'이웃'을 선택**한 후 **[다음] 단추를 클릭**합니다. '새 그룹'이라고 입력되어 있는 그룹 이름 입력란에 **'여행블로그'를 입력**하고 **[다음] 단추를 클릭**합니다. 이웃이 추가되었다는 메시지가 나타나면 **[닫기] 단추를 클릭**합니다.

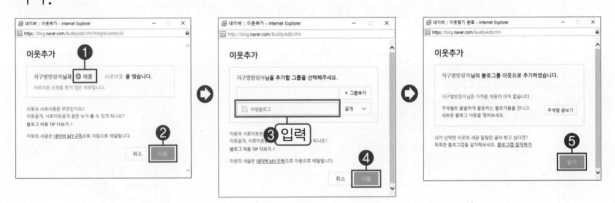

03 [이웃블로그]를 **클릭**하여 [여행블로그] 폴더 안에 이웃으로 추가 신청한 블로그 가 **이웃으로 추가된 것을 확인**합니다.

스크랩하기

01 이웃 블로그의 게시글 내용을 확인한 후, 아래쪽에서 **[블로그 보내기( )]를 클 릭**합니다.

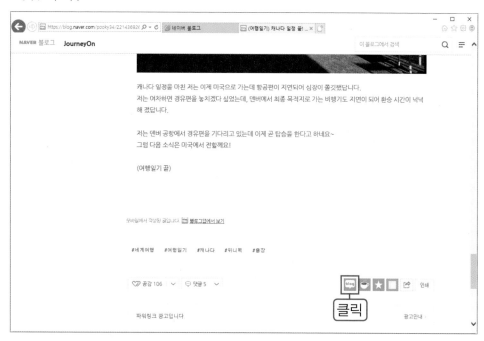

02 [공유하기] 창이 나타나면 **게시판을 '여행정보'로 선택**한 후 **[확인] 단추를 클릭**합니다. '내 블로그로 공유가 완료되었습니다.'라는 메시지가 나타나면 **[내 블로그 확인] 단추를 클릭**합니다.

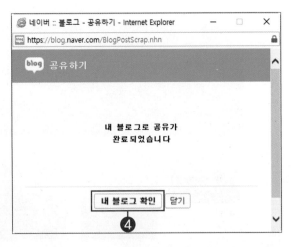

03 '내 블로그' 페이지로 이동되어 [여행정보] 게시판에 스크랩된 내용이 표시되는 것을 확인합니다.

1 내 블로그의 [여행정보] 게시판에 여행 계획을 써 봅니다.

도움터 다양한 글쓰기 도구를 활용해서 글을 써 봅니다.

2 원하는 주제로 블로그를 검색하여 게시글을 확인하고 내 블로그의 이웃으로 추가해 봅니다.

04 인터넷으로 실시간 대화하기

이번 장에서는 인터넷 환경에서 실시간으로 대화를 하거나 파일을 주고받기 위해 네이트온 프로그램을 다운로드 받아 내 컴퓨터에 설치하는 방법에 대해 알아봅니다. 또한 친구를 추가하여 한 명 혹은 여러 명과 함께 대화하는 방법과 자신의 환경에 맞게 네이트온 프로그램의 환경을 설정하는 방법도 익혀보도록 하겠습니다.

 무엇을 배울까요?

⋯▶ 네이트온 프로그램 다운로드와 설치하기

⋯▶ 친구 추가하고 대화하기

⋯▶ 이모티콘 활용하여 대화하기

⋯▶ 파일 주고받기

⋯▶ 네이트온 환경 설정하기

01   네이트온 다운로드 및 설치하기

프로그램 다운로드와 설치

01 '네이트(www.nate.com)' 홈페이지에 접속한 후, 오른쪽 위에서 [네이트온]을 클릭합니다.

02 'NATE ON' 페이지가 나타나면 [🪟 Windows]를 클릭합니다.

03 아래쪽에 실행, 저장 여부를 묻는 메시지가 나타나면 **[실행] 단추를** 클릭합니다.

04 [네이트온 설치 프로그램] 창이 실행되면 약관을 읽고 **'사용권 계약의 조항에 동의합니다.'** 항목을 선택한 후 **[다음] 단추를** 클릭합니다.

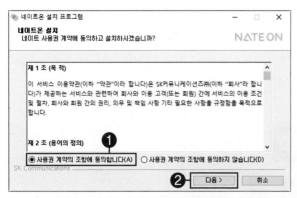

05 구성 요소 선택 항목에서 **설치할 항목만 체크 표시**한 후 **[설치] 단추를** 클릭합니다.

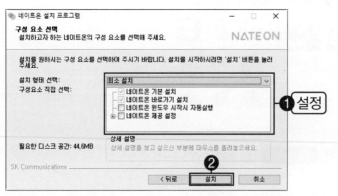

06 설치가 성공적으로 완료되면 **[닫음] 단추를** 클릭합니다.

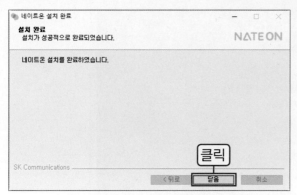

02 친구 추가와 대화하기

친구 추가하기

01 '네이트온 메신저' 프로그램을 실행하여 자신의 아이디(가입 시 입력한 메일 주소)와 비밀번호를 입력한 후 '자동로그인' 항목을 체크 표시하고 [로그인] 단추를 클릭합니다.

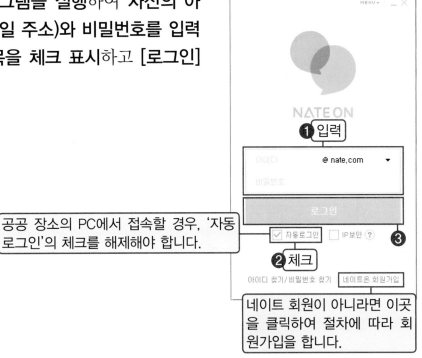

공공 장소의 PC에서 접속할 경우, '자동로그인'의 체크를 해제해야 합니다.

네이트 회원이 아니라면 이곳을 클릭하여 절차에 따라 회원가입을 합니다.

02 친구를 추가하기 위해 [친구 추가하기(+)]를 클릭합니다.

03 [친구 추가] 대화상자가 나타나면 [친구찾기] 탭을 클릭하고 대화 상대로 추가할 사람의 아이디를 입력한 후 [검색] 단추를 클릭합니다.

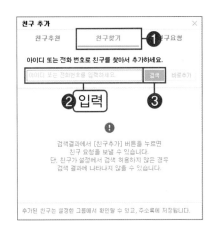

04 검색 결과에서 [친구 추가] 단추를 클릭합니다.

05 상대방에게 **요청 메시지를 입력**하고 [친구 추가] 단추를 클릭합니다. '친구 추가 요 청을 완료하였습니다.'라는 메시지가 나타나면 다시 [확인] 단추를 클릭합니다.

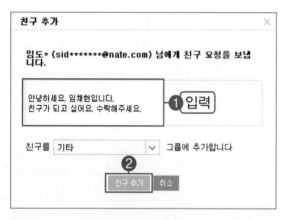

배움터 친구 요청을 받은 상대방의 경우

상대방에게 [친구 요청] 대화상자가 나타납니다. 이때 상대방이 [수락하기] 단추를 클릭하면 대화가 가능해집니다.

06 [친구 추가] 대화상자를 닫고 네이트온 목록을 살 펴봅니다. 추가한 친구가 목록에 표시된 것을 확인 할 수 있습니다.

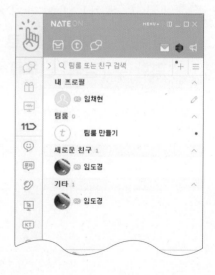

🖐 이모티콘으로 감정 표현하기

01 네이트온 친구 목록에서 **대화할 친구를 더블클릭**하면 대화창이 실행됩니다.

02 대화창 입력란에 **내용을 입력**한 후, **[보내기]를 클릭**하거나 Enter 키를 눌러 메시지를 보냅니다. 상대방이 메시지를 보내면 대화창에서 확인할 수 있습니다.

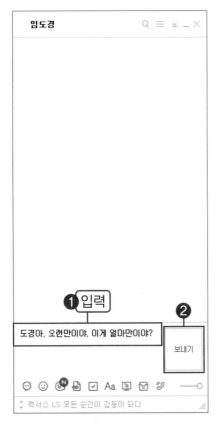 

> 🌸 **배움터** 실시간으로 대화를 하기 위해서는 나와 상대방이 서로 로그인이 되어 있어야 합니다.

03 [이모티콘(☺)]을 클릭하여 이모티콘 목록이 표시되면 **원하는 이모티콘을 선택**합
니다. 입력란에 선택한 이모티콘이 나타나면 **[보내기]**를 클릭합니다.

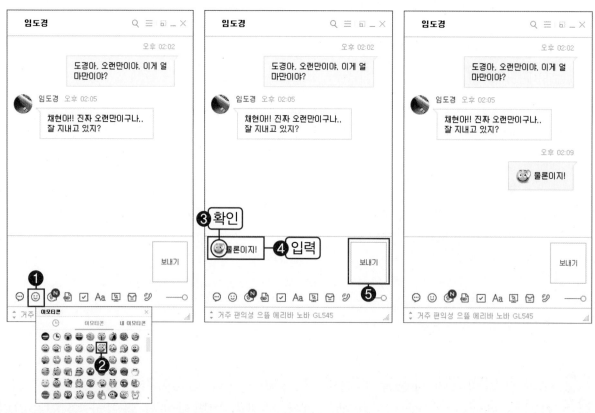

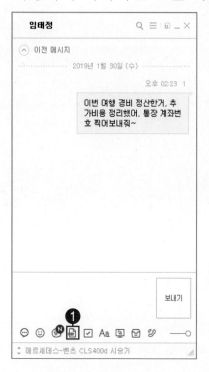

🖱 파일 보내고 받기

01 상대방에게 파일을 전송하기 위해 **[파일 전송하기(🖼)]**를 클릭합니다. [열기] 대
화상자가 나타나면 **보낼 파일을 선택**한 후 **[열기] 단추**를 클릭합니다.

02 선택한 파일이 전송됩니다. 이번에는 상대방이 보낸 파일을 내 컴퓨터에 받아봅니다. 상대방이 보낸 파일이 전송되면 아래쪽의 **[저장]**을 클릭합니다.

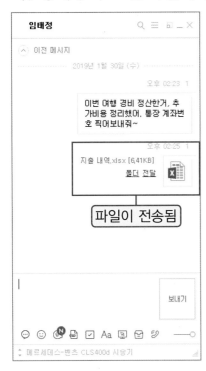
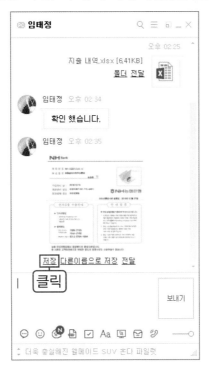

03 저장이 완료되면 결과를 확인하기 위해 **[폴더]를 클릭**합니다. 파일이 저장된 폴더 창이 실행되어 받은 파일을 확인할 수 있습니다.

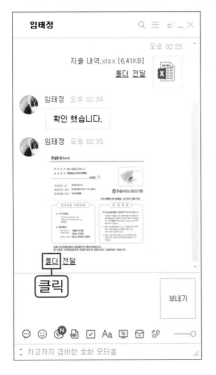
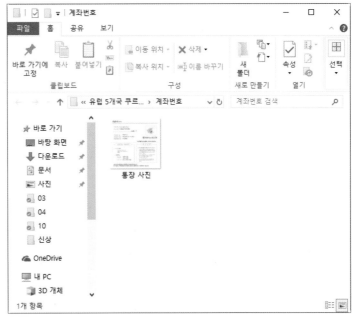

여러 친구와 대화하기

01 네이트온 친구 목록에서 대화할 **친구를 더블클릭**합니다. 대화창이 실행되면 새로운 친구를 초대하기 위해 **[메뉴(≡)]를 클릭**한 후 **[대화상대 초대]를 선택**합니다.

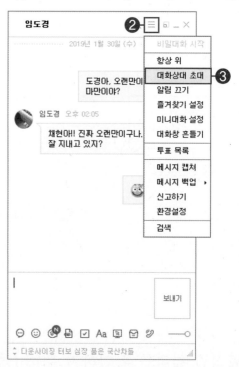

02 **[대화상대 선택하기]** 대화상자가 나타나면 **추가할 친구를 선택**합니다. ▷를 클릭해 오른쪽 목록에 추가되면 **[확인] 단추를 클릭**합니다. **[그룹]** 창이 실행되면 메시지를 입력하여 **대화**를 합니다.

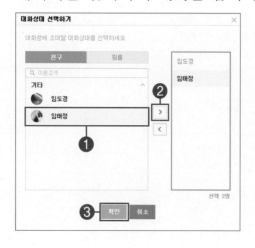

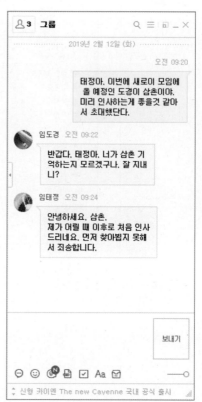

배움터

그룹으로 대화를 진행할 경우 창 왼쪽의
◀를 클릭하면 왼쪽에 대화 중인 친구의
목록이 표시되고 같은 위치의 ▶를 클릭
하면 숨겨집니다.

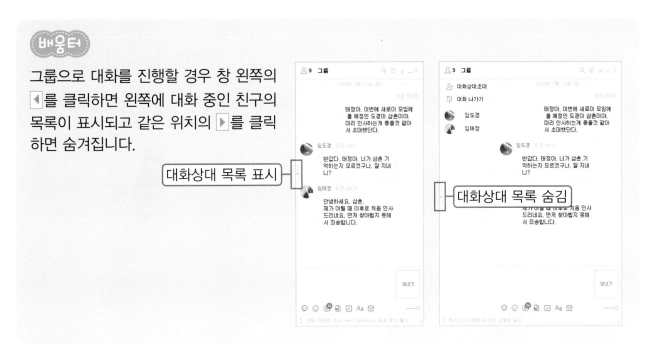

대화상대 목록 표시

대화상대 목록 숨김

---

03 네이트온 환경 설정하기

상대방 별명 지정하기

01 네이트온 친구 목록에서 별명을 지정할 상대를 **마우스 오른쪽 단추로 클릭**해 [**친
구관리**]–[**별명 설정**]을 **선택**합니다. [별명 설정] 대화상자가 나타나면 **별명을 입
력**하고 [**확인**] 단추를 **클릭**합니다.

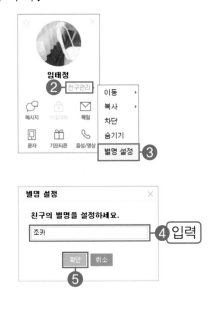

02 별명을 확인하기 위해 네이트온 친구 목록에서 **[설정(☰)]–[친구 이름 + 별명으로 보기]를 선택**합니다. 친구 이름 오른쪽에 설정한 별명이 표시됩니다.

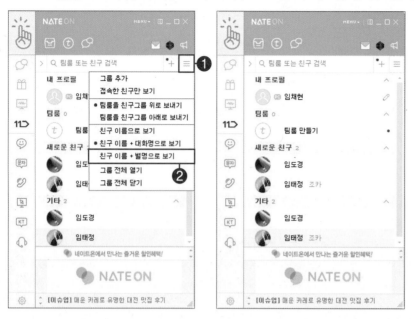

🖱 이전 메시지 확인하기

01 네이트온 친구 목록에서 이전 메시지를 확인할 **상대방을 더블클릭**하여 대화창을 표시한 후, ⌃ 이전 메시지 를 **클릭**합니다.

02 이전에 주고받은 메시지의 날짜와 시간, 내용이 표시됩니다.

🖱 투명도 조절하기

01 대화창 오른쪽 아래의 ▭ o 를 **왼쪽으로 드래그**하면 창이 투명하게 표시됩니다.

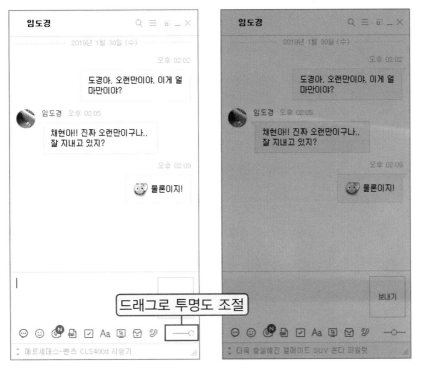

02 다시 ▭ o 를 **오른쪽 끝까지 드래그**하여 투명도를 0으로 만듭니다.

🖱 로그아웃하기

네이트 창에서 위쪽의 **MENU▼**를 **클릭**한 후 **[로그아웃]**을 **클릭**합니다.

배움터 알림음 설정하기

• 대화창 오른쪽 위의 [메뉴(☰)]를 클릭하여 [알림 끄기]를 선택하면 알림 소리가 나지 않습니다.

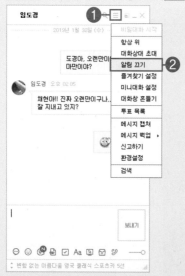

• MENU▾ 를 클릭하고 [환경설정]을 선택합니다. [환경설정]의 [알림] 탭에서 상세 설정이 가능합니다.

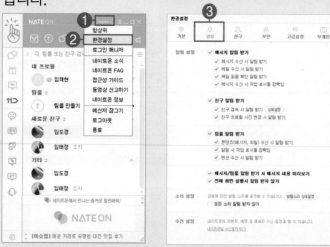

• [환경설정]의 [알림] 탭에서 [알림소리 상세설정] 단추를 클릭하면 알림에 따른 소리를 확인할 수 있으며, 변경도 가능합니다.

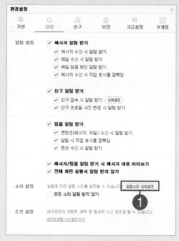

디딤돌학습

1 '이모티콘(☺)'과 '액티콘(◉)'을 이용해 친구와 대화를 해봅니다.

2 여러 사람을 대화창에 초대하여 파일을 전송해 봅니다.

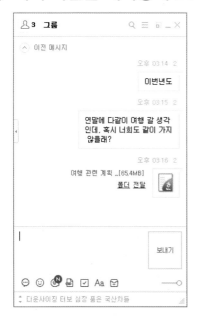

도움터 **파일 전송 방법**

- 방법-1 : [파일 전송하기]를 클릭한 후 [열기] 대화상자에서 전송할 파일 선택
- 방법-2 : 전송할 파일을 대화창으로 드래그

05 인터넷으로 일자리 알아보기

이번 장에서는 워크넷 홈페이지에서 지역별, 직종별 구인정보를 검색하는 방법에 대해 알아봅니다. 또한 내 이력서를 워크넷 홈페이지에 등록하여 구직 신청하는 방법을 익혀보도록 하겠습니다.

 무엇을 배울까요?

⋯ 지역별, 직종별 구인정보 검색하기
⋯ 워크넷 회원가입과 내 이력서, 자기소개서 등록하기
⋯ 구직 신청과 기본 이력서 설정하기

01 채용정보 알아보기

🖱 워크넷 홈페이지에 접속하기

01 '워크넷(www.work.go.kr)' 홈페이지에 접속합니다.

02 '워크넷' 홈페이지로 이동되면 **[채용정보]** 메뉴 위로 마우스 포인터를 이동합니다.

🖱️ 근무 지역별 구인정보 알아보기

01 채용정보 목록 중 [지역별]에서 희망하는 근무 지역을 선택합니다. 여기서는 '**서울**'을 **선택**하겠습니다.

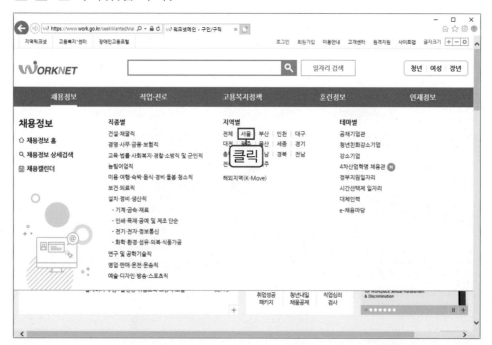

02 '채용정보 상세검색' 페이지로 이동되면 **희망 근무지에 체크**하고 [**직종 선택**] **단추를 선택**합니다. '**1차 분류**'를 **선택**하고, 계속해서 '**2차 분류**'와 '**3차 분류**'를 **선택**합니다.

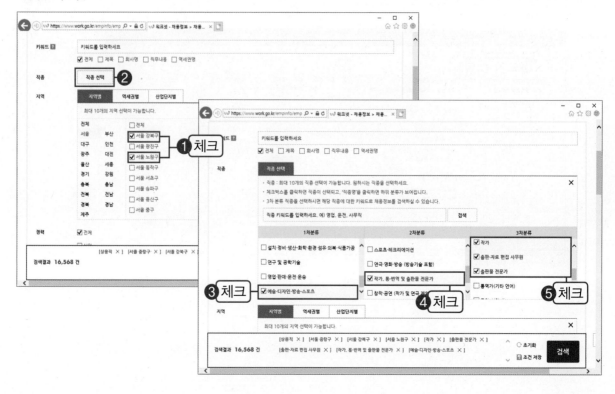

03 경력, 학력, 임금 등을 설정한 후 화면 오른쪽 아래에서 **[검색]** 단추를 클릭합니다.

04 채용정보 검색 결과 목록에서 **원하는 항목을 선택**하여 상세한 채용정보를 확인합니다.

🖱 직종별 구인정보 알아보기

01 **[채용정보] 메뉴로 마우스 포인터를 이동**한 후 [직종별] 항목을 살펴봅니다. 희망하는 직종을 선택합니다. 목록에 희망 직종이 없다면 **[직종별]을 클릭**합니다.

02 **직종 키워드를 입력**한 후 **검색**합니다.

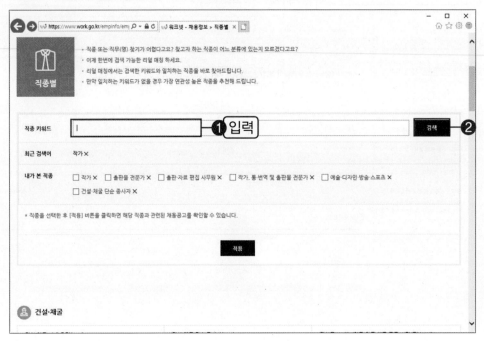

03 검색 후 직종을 선택해 체크해서 [적용] 단추를 클릭합니다.

특별히 찾고자하는 직종이 없거나 다양한 분야를 보고 싶다면 아래로 드래그해서 직종 목록을 살펴봅니다.

04 '채용정보 상세검색' 페이지에서 **직종과 지역을 상세히 설정**한 후 **[검색] 단추를** 클릭합니다.

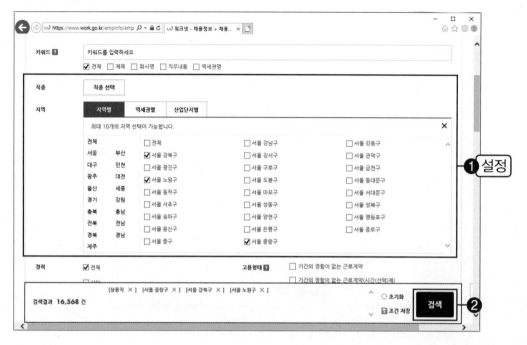

05 채용정보 검색결과 목록에서 **원하는 항목을 선택**하여 상세한 채용정보를 확인합니다.

02 이력서 · 자기소개서 등록하기

회원가입하기

01 화면 위쪽에서 **[회원가입]을 선택**합니다. '회원가입' 페이지가 나타나면 **[개인 회원가입] 단추를 클릭**합니다.

02 연령에 따라 회원가입을 한 후 **자신의 아이디와 비밀번호를 입력**하고 **[로그인] 단추를 클릭**해 로그인을 합니다.

🖱 이력서 작성하기

01 로그인을 한 후 이름 옆의 ⌄를 클릭하고 [마이페이지 홈]을 선택합니다.

02 [이력서 등록]을 클릭하고 페이지 하단의 [이력서 작성하기] 단추를 클릭합니다.

03 '이력서 제목'을 입력하고 자기소개 입력 항목을 선택합니다.

이력서에서 자기소개의 입력 항목은 자신의 장점을 표현하기 좋은 것을 선택합니다.

04 하단으로 내려가면서 이력서를 작성합니다.

이력서 입력 양식에서 '＊' 표식이 있는 항목은 필수 항목이므로, 반드시 해당 정보를 입력해야 합니다.

05 '자기소개서'와 '희망직종 및 선택사항'을 입력한 후 [이력서 작성 완료] 단추를 클릭합니다. 메시지 창이 나타나면 [확인] 단추를 클릭합니다.

06 '워크넷 이력서 작성이 완료되었습니다.'라는 메시지가 표시되면 [이력서 미리보기] 단추를 클릭하여 자신이 작성한 **이력서를 확인**해 봅니다.

🖱 자기소개서 작성하기

01 [자기소개서 등록]을 클릭합니다. [자기소개서 작성하기] 단추를 클릭합니다.

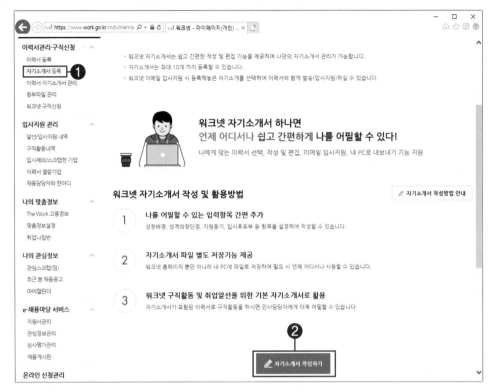

02 자기소개서의 제목을 입력합니다. 항목을 선택하고 제목과 내용을 입력합니다. 자기소개서를 작성하고 [저장완료] 단추를 클릭합니다. 메시지 창이 나타나면 [확인] 단추를 클릭합니다.

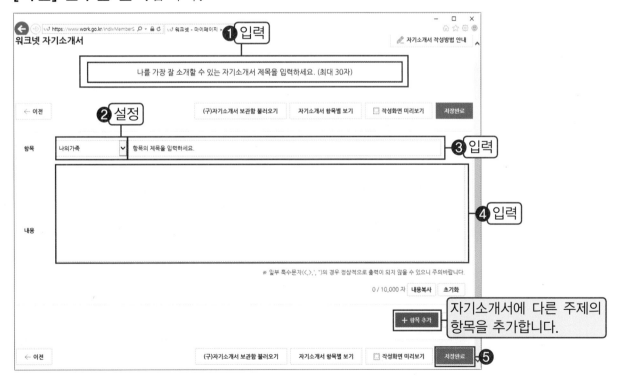

구직 신청하기

01 [이력서 · 자기소개서 관리]를 클릭합니다. 새로 등록한 이력서 항목을 선택한 후 [기본
이력서 설정] 단추를 클릭합니다. 메시지 창이 나타나면 **[확인] 단추를 클릭**합니다.

02 [워크넷 구직신청]을 클릭한 후 [워크넷 구직신청하기] 단추를 선택합니다.

03 페이지 아래로 드래그해서 '**나의 구직신청정보**'를 **입력**합니다. 작성해둔 **이력서와 자기소개서를 등록**한 후 [**구직신청하기**] 단추를 **클릭**합니다.

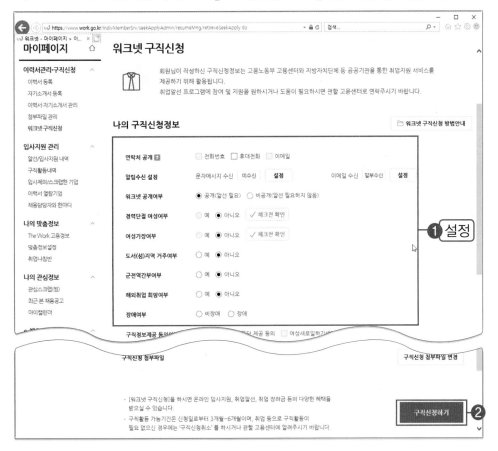

04 나의 구직신청정보에 '구직신청이 완료되었습니다.'라는 메시지가 나타나면 [**확인**] 단추를 **클릭**합니다.

1 '잡코리아(www.jobkorea.co.kr)' 홈페이지의 직무별 채용정보에서 '웹프로그래 머'에 대한 구인정보를 검색해 봅니다.

도움터 업직종별 → IT · 인터넷 → 웹프로그래머 → 웹프로그래머

2 '알바천국(www.alba.co.kr)' 홈페이지의 지역별 알바에서 자신이 거주하는 지역의 알바 지도를 검색해 봅니다.

도움터 채용정보 → 알바 지도→ 서울 → 지역

06 무료 강의 듣기

이번 장에서는 주민등록번호 없이 인터넷 사이트에 회원가입을 하기 위한 인증 방법으로 아이핀(i-PIN)을 발급받는 방법에 대해 알아봅니다. 또한 새로 발급받은 아이핀(i-PIN)의 아이디와 비밀번호를 이용해 배움나라 홈페이지에 가입하여 무료로 제공되는 다양한 강좌를 신청하는 방법을 익혀보도록 하겠습니다.

 무엇을 배울까요?

··· 아이핀(i-PIN) 신규발급 받기
··· 아이핀(i-PIN) 신원 확인과 인증하기
··· 아이핀(i-PIN)으로 회원가입하기
··· '배움나라' 홈페이지에서 강의 신청 및 강의 듣기

아이핀(i-PIN) 신규발급 받기

01 'NICE평가정보(www.niceipin.co.kr)' 홈페이지에 접속한 후, [발급신청 바로가기] 단추를 클릭합니다.

배움터

- 민간 아이핀 홈페이지를 이용하거나 본인 신분증을 가지고 가까운 주민센터를 방문하여 발급받을 수 있습니다.
- 민간 아이핀 : NICE평가정보(www.niceipin.co.kr), SCI평가정보(www.siren24.com), 코리아크레딧뷰로(www.ok-name.co.kr)

02 '아이핀 발급' 페이지가 나오면 [아이핀/마이핀 신규 발급(NICE 아이핀 미보유 고객)]을 선택합니다.

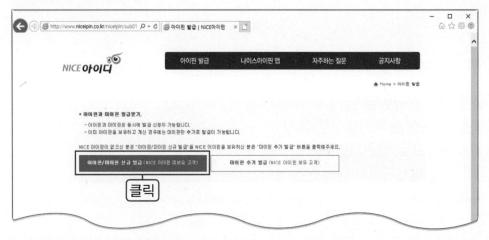

03 아이핀 신규발급 창이 나타납니다. 발급 전 확인 사항을 읽고 **[발급하기]** 단추를 클릭합니다. 약관을 읽고 **약관 동의에 체크한 후 [확인]** 단추를 클릭합니다.

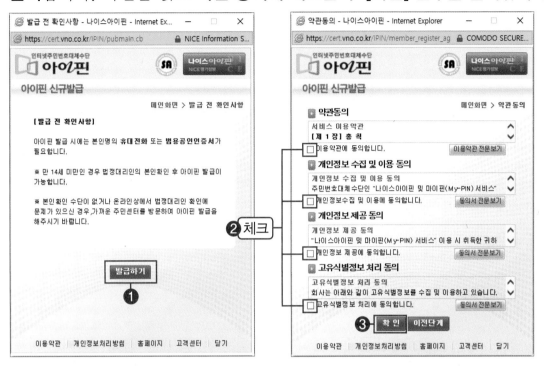

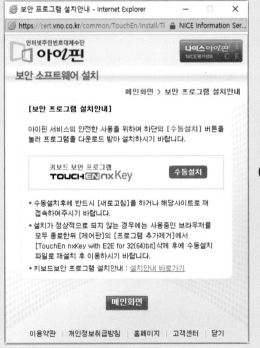 

배움터 사용자의 컴퓨터에 따라 보안 프로그램 설치를 요청합니다. 아이핀에서 요청한 보안 프로그램을 설치해야 사용이 가능합니다. 설치 안내에 따라 설치를 진행합니다. 설치 완료 후 [메인 화면] 창이 나타나면 [신규발급]을 클릭하여 따라하기 과정을 다시 반복합니다.

04 아이핀 사용자 정보 및 **설정 정보를 입력**하고 [발급하기] 단추를 클릭합니다.

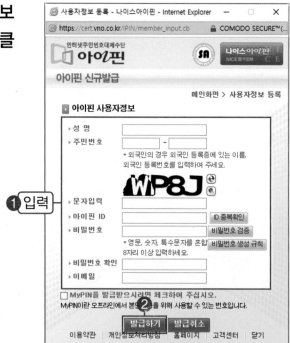

05 신원 확인 방법으로 '**휴대폰**'을 선택하고, 필요한 **정보를 입력** 및 **약관에 동의**한 후 [인증번호 요청] 단추를 클릭합니다. 휴대폰으로 전송된 **인증 번호를 입력**하고 [확인] 단추를 클릭합니다.

배움터

• 범용 공인인증서 : 은행이나 증권사에서 발급받은 공인인증서를 통해 인증하는 방법
• 대면확인 : 신분증을 지참하여 직접 본인확인기관을 방문

06 추가 인증수단을 선택합니다. 여기서는 '2차 비밀번호'를 선택한 후 [확인] 단추를 클릭합니다. 2차 비밀번호를 입력하고 [확인] 단추를 클릭합니다.

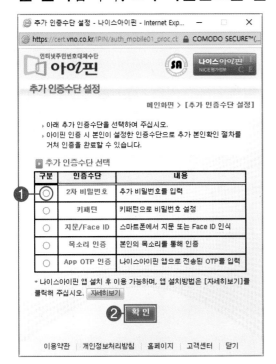
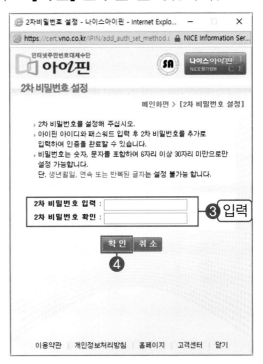

07 설정이 모두 완료되면 [확인] 단추를 클릭합니다. [닫기]를 클릭합니다.

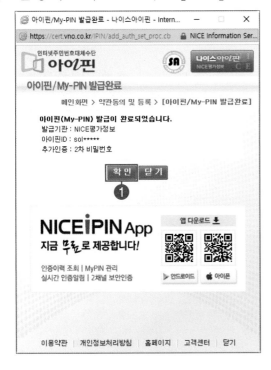

배움터 i-PIN 발급은 무료입니다. i-PIN의 아이디와 비밀번호, 2차 비밀번호까지 모두 기억해 두어야 합니다.

02 배움나라에서 강의 듣기

🖱 **아이핀(i-PIN)으로 회원가입하기**

01 '배움나라(www.estudy.or.kr)' 홈페이지에 접속하여 [회원가입]을 클릭합니다.

02 '이용약관' 페이지에서 두 가지 항목에 모두 체크 표시를 한 후 [일반회원]을 선택합니다.

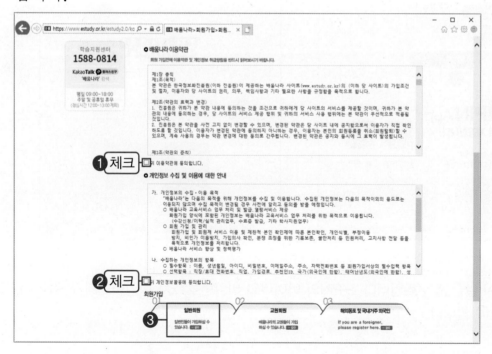

03 두 가지 인증 방법 중 자신이 사용할 **인증 방법을 선택**합니다. 여기서는 'i-PIN 인증'으로 회원가입을 하도록 하겠습니다.

> **배움터** i-PIN은 인터넷상에서 주민번호를 대신하여 아이디와 패스워드를 이용하여 본인 확인을 하는 방법입니다.

04 [메인화면] 창이 나타나면 [아이핀 ID]와 [비밀번호], [문자입력]을 각각 입력한후 [확인] 단추를 클릭합니다. [2차 비밀번호 입력]란에 해당 비밀번호를 입력하고 [확인] 단추를 클릭합니다. [인증 완료] 단추를 클릭합니다.

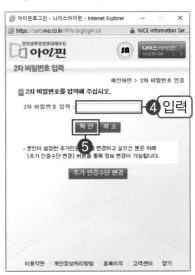

05 '회원가입' 페이지가 나타나면 **개인정보를 입력**한 후 **[회원가입] 단추를 클릭**합니다. 메시지 창이 나타나면 **[확인] 단추를 클릭**합니다.

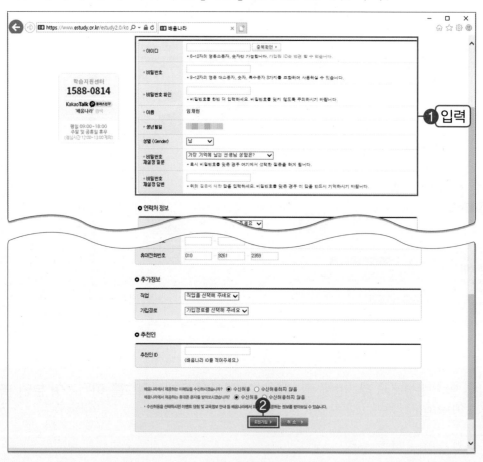

06 '가입 완료' 페이지가 나타나면 **[메인페이지로 이동] 단추를 클릭**합니다.

🖱 강의 신청하기

01 '배움나라' 홈페이지에서 **[수강신청]** 단추를 클릭합니다.

02 [일반강좌] 목록에서 수강하고 싶은 과정을 선택해 **[맛보기]** 단추를 클릭합니다.

03 [맛보기 학습창]이 열리면 [처음부터 학습하기] 단추를 클릭하여 수강해 봅니다.

04 맛보기 내용을 확인한 후 학습창의 [닫기(×)]를 클릭합니다.

05 강좌가 마음에 들면 [수강신청] 단추를 클릭합니다.

06 수강신청을 확인하는 메시지가 나타나면 [예] 단추와 [확인] 단추를 각각 클릭합니다.

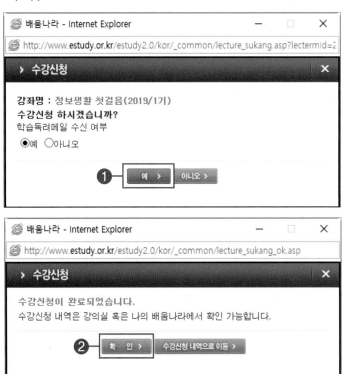

🖱 강의 수강하기

01 수강신청이 완료되면 **[나의배움나라]** 단추를 클릭합니다. 선택한 **과목을** 클릭합니다.

02 **[학습창]**이 나타나면 **[학습시작]** 단추를 클릭하여 강의를 듣습니다.

03 학습이 끝나면 **[닫기(☒)]**를 클릭해 학습창을 닫고 **[로그아웃]** 단추를 클릭합니다.

디딤돌학습

1 '서울시 평생학습포털(sll.seoul.go.kr)' 홈페이지에서 '아이핀(i-PIN) 인증' 방법을 이용해 회원가입을 한 후, 무료 동영상 강의를 들어 봅니다.

2 '늘배움(www.lifelongedu.go.kr)' 홈페이지에 회원으로 가입한 후, 무료 동영상 강의를 들어 봅니다.

07 유튜브 동영상 활용하기

이번 장에서는 유튜브의 다양한 동영상을 검색하고, 효율적으로 감상하는 방법과 함께 마음에 드는 동영상 소스를 복사하여 내 블로그의 게시판에 게시하는 방법에 대해 알아보겠습니다. 또한 유튜브에 새 계정을 등록하여 내가 찍은 동영상 파일을 유튜브에 게시하는 방법도 알아보도록 하겠습니다.

 무엇을 배울까요?

> … 유튜브에서 동영상 검색하고 감상하기
> … 유튜브 소스 복사하여 내 블로그에 게시하기
> … 유튜브 계정 만들고 인증 메일 확인하기
> … 내가 찍은 동영상 유튜브에 게시하고 확인하기

유튜브 동영상 감상하기

유튜브 동영상 검색하기

01 '**유튜브(www.youtube.com)**' **홈페이지**에 **접속**한 후 검색 입력란에 '**옥상정원**'을 **입력**하고 Enter **키**를 누릅니다.

02 '**옥상정원**'에 대한 검색 결과 중 마음에 드는 **동영상을 선택**합니다.

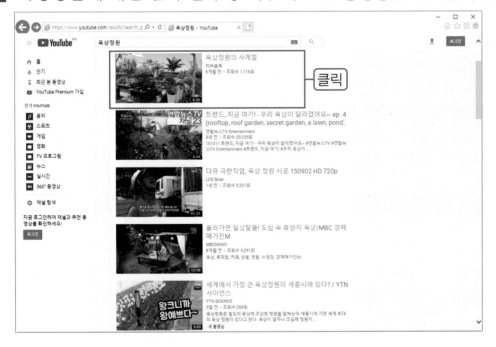

03 광고가 실행된 후 선택한 유튜브 동영상이 재생됩니다.

유튜브 동영상 감상하기

01 동영상의 해상도를 높여 봅니다. 동영상 재생 화면의 오른쪽 아래에서 **[설정 (⚙)]을 클릭**한 후 `품질    자동 480p >`**-[720p]를 선택**합니다.

02 동영상의 해상도가 높아져 화질이 더 선명하게 보입니다. 동영상 재생 화면의
[영화관 모드(▱)]를 클릭합니다.

03 화면이 크게 확대되어 표시되는 것을 확인합니다.

배움터 [전체화면(⛶)]을 클릭하면 동영상 재생 화면이 전체 화면 크기로 보이고, [전체화면
종료(⛶)]를 클릭하면 전체 화면 보기가 해제됩니다.

02 유튜브 동영상 공유하기

유튜브 소스 복사하기

01 검색 입력란에 **'건강체조'를 입력하고** Enter **키를 누릅니다.** '건강체조'에 대한
검색 결과 중 마음에 드는 **동영상을 선택**하여 실행합니다.

02 동영상 재생 화면의 아래쪽에서 **[공유]를 클릭**합니다.

03 현재 실행 중인 동영상의 파일 경로가 표시되면 해당 경로에서 **마우스 오른쪽 단추를 클릭**한 후, **[복사]를 선택**합니다.

🖐 내 블로그에 올리기

01 [새 탭(📑)]을 클릭합니다.

02 새 탭이 실행되면 '네이버(www.naver.com)' 홈페이지에 접속한 후, 로그인합니다. [블로그]를 클릭하고 [내 블로그]를 클릭합니다.

03 [게시판]을 클릭한 후 [글쓰기] 단추를 클릭합니다.

04 '글쓰기' 페이지가 실행되면 **제목을 입력**한 후 **[링크( )]를 클릭**합니다. 링크 입력란에서 **마우스 오른쪽 단추를 클릭**해 **[붙여넣기]를 선택**합니다.

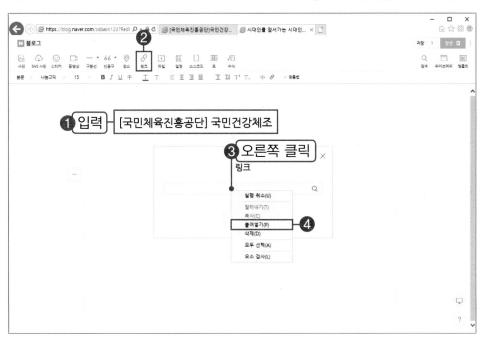

05 를 클릭하여 미리보기가 표시되면 **[확인] 단추를 클릭**합니다.

06 블로그에 등록하기 위해 화면 오른쪽의 **[발행] 단추를 클릭**합니다. 카테고리 설정을 확인하고 **[발행] 단추를 클릭**합니다.

07 복사한 유튜브 동영상이 내 블로그에 등록된 것을 확인합니다.

03 유튜브에 동영상 올리기

🖱 유튜브 계정 만들기

01 '**유튜브' 탭을 클릭**합니다. 오른쪽 상단의 [**로그인**] 단추를 클릭한 후, 'Google'
페이지가 나타나면 [계정 만들기]를 선택합니다.

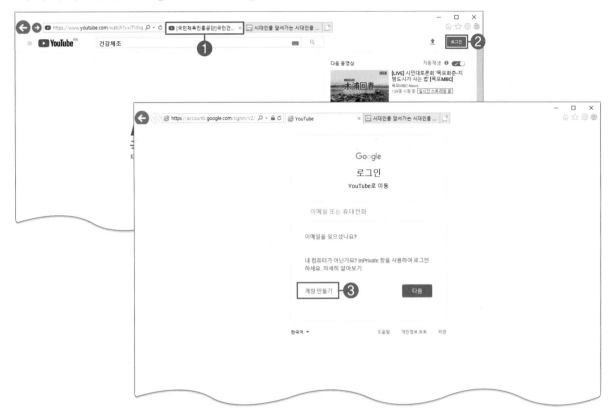

02 'Google 계정을 만들기' 페이지가 나타나면 **필요한 정보를 입력**한 후 [**다음**] 단
추를 클릭합니다. '이메일 주소 인증' 페이지가 나타납니다.

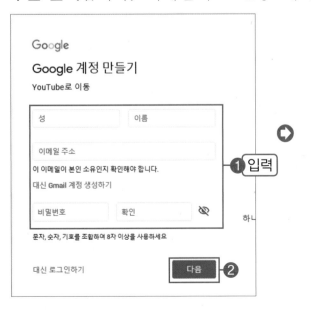

03 '내 블로그' 탭을 클릭합니다. 내 블로그로 이동하면 **별명(시대인 ▲)을** 클릭한 후,
이메일 주소를 클릭합니다.

04 '받은 메일함' 페이지로 이동되면 Google에서 보낸 **'이메일 주소 인증'** 메일을 클
릭합니다. 발송된 **코드를 확인**합니다.

05 'Google 계정 만들기' 탭을 클릭합니다. 네이버에서 받은 코드를 입력한 후 [확인]
단추를 클릭합니다. 전화번호를 입력하고 [다음] 단추를 클릭합니다.

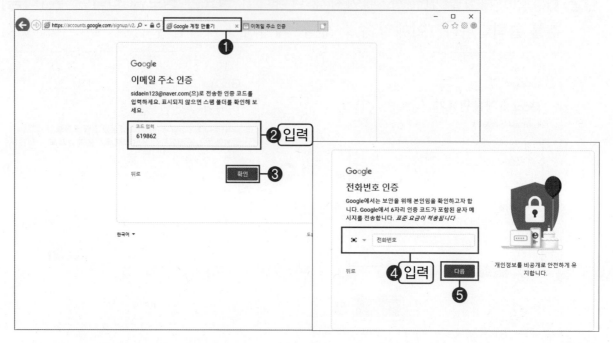

06 내 휴대전화로 받은 문자 메시지에 인증코드가 적혀 있습니다. **코드를 입력**하고 [확인] 단추를 클릭한 후 내 **개인정보를 입력**하고 [다음] 단추를 클릭합니다.

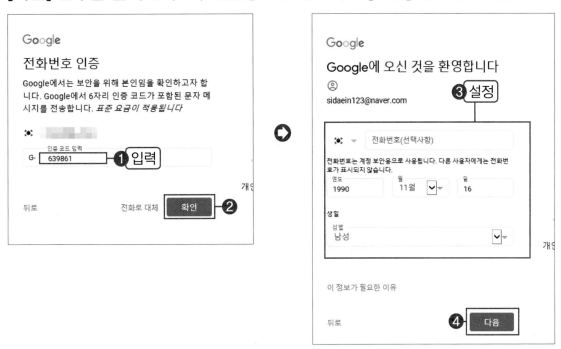

07 '개인정보 보호 및 약관'을 끝까지 확인하고 [동의] 단추를 클릭합니다. 유튜브 페이지로 돌아오면 **비밀번호를 입력**한 후 [다음] 단추를 클릭하여 로그인을 진행합니다.

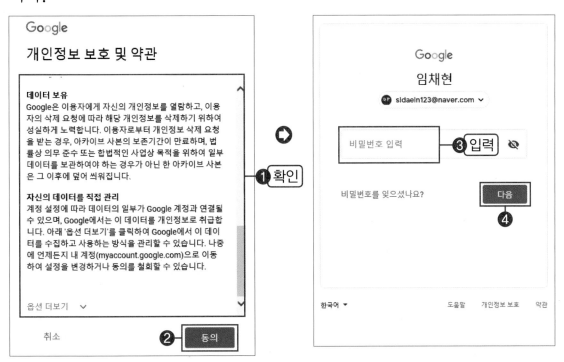

🖱️ 유튜브에 동영상 올리기

01 유튜브에 동영상을 올리려면 유튜브 채널을 만들어야 합니다. **[업로드(⬆)]**를 클릭한 후, [업로드 계정 선택] 창이 나타나면 **[채널 만들기]** 단추를 클릭합니다.

02 업로드 채널에서 **[업로드할 파일을 선택]**을 클릭합니다. [업로드할 파일 선택] 대화상자가 나타나면 **동영상 파일을 선택**하고 **[열기]** 단추를 클릭합니다.

03 업로드가 완료되면 [게시] 단추를 클릭합니다. 왼쪽에 표시된 **동영상 화면을 클릭**합니다.

04 내가 업로드한 동영상이 실행됩니다.

배움터 **유튜브 저작권**

영상을 재생할 때 나오는 광고에 따라 동영상 제작자는 금전적 수익을 얻을 수 있습니다. 따라서 다른 제작자가 만든 창작물에 있어 엄격한 기준으로 영상물 업로드가 제한됩니다. 국가, 기업, 음원, 영상, 도서, 가사, 디자인, 폰트 등에도 저작권이 있기에 항상 영상 업로드 시 조심해야 합니다.

1 유튜브에서 '기차여행' 관련 동영상을 검색한 후 소스를 복사하여 내 블로그의 [여행정보] 게시판에 게시해 봅니다.

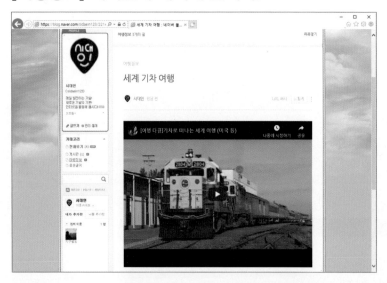

도움터 유튜브 검색 : 기차 여행

2 자신이 찍은 동영상 파일을 유튜브에 게시한 후 감상해 봅니다.

도움터 게시한 유튜브는 [동영상 관리자]에서 수정, 삭제가 가능합니다.

08 인터넷으로 예매하기

이번 장에서는 현재 상영 중인 영화의 정보를 조회한 후 예약하고 결제하는 방법에 대해 알아봅니다. 또한 열차와 고속버스 승차권 정보를 조회하고 예매하는 방법에 대해서도 익혀보도록 하겠습니다.

무엇을 배울까요?

··· 현재 상영 중인 영화 티켓 조회하기
··· 영화 티켓 예약 및 결제하기
··· 열차 승차권 조회 및 예매하기
··· 고속버스 승차권 조회 및 예매하기

영화 티켓 조회하기

01 '**CGV(www.cgv.co.kr)**' **홈페이지에 접속**한 후, **회원가입**을 합니다. 자신의 **아이디와 비밀번호를 입력**하여 **로그인**합니다.

배움터 [비회원로그인] 탭을 선택하면 회원 가입을 하지 않아도 예매가 가능합니다.

02 [**영화**]-[**무비차트**]를 **선택**합니다.

03 현재 상영 중인 영화 목록이 표시되면 마음에 드는 **영화를 선택**합니다.

04 '영화상세' 페이지가 나타나면 영화에 관한 정보를 확인한 후 **[상영시간표]를 선택**합니다.

05 선택한 영화의 상영 시간표가 표시되면 **영화를 볼 지역과 날짜를 선택**하고 아래쪽에서 **상영관과 시간을 선택**합니다.

06 다시 한 번 선택한 정보에 대한 내용을 확인한 후 화면의 오른쪽 아래에서 **[좌석 선택]** 단추를 클릭합니다.

07 예매 인원 종류별로 예매 매수를 **지정**한 후 선택이 가능한 좌석에서 원하는 **자리를 선택**합니다. 화면 아래쪽에 선택한 예매 인원 종류에 따른 금액이 표시되면 **[결제선택]** 단추를 클릭합니다.

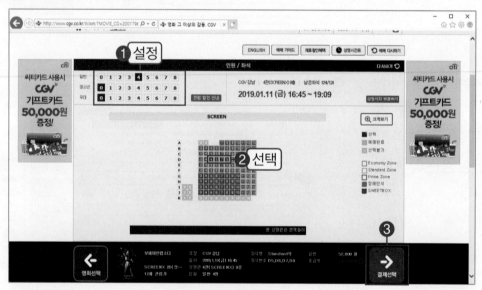

🖐 영화티켓 결제하기

01 [STEP 1. 할인수단]과 [STEP 2. 포인트 및 기타결제 수단]에서 **설정할 수 있는 항목을 선택**합니다.

02 [STEP 3. 최종결제 수단]에서 **결제 수단을 선택**한 후 결제 방법에 따른 설정을 하고 **[결제하기] 단추를 클릭**합니다. 이후 **지시 사항에 따라 설정**하여 예매를 완료합니다.

> **배움터** CGV 홈페이지에 로그인한 경우 [My CGV] 메뉴를 선택하여 자신의 예매 내역을 확인하거나 예매를 취소할 수 있습니다. 비회원일 경우, 상단의 [로그인] 메뉴를 클릭한 후 [비회원 로그인] 탭에서 예매 확인 및 취소를 할 수 있습니다.

열차 승차권 예매하기

🖱 승차권 조회하기

01 '레츠코레일(www.letskorail.com)' 홈페이지에 접속한 후, **회원가입**을 합니다. 자신의 **코레일멤버십번호와 비밀번호를 입력**한 후 **[확인] 단추를 눌러 로그인**합니다.

02 [승차권간편예매] 탭에서 [출발역]의 🔍을 **클릭**하여 [역명조회] 창이 나타나면 **출발역을 선택**합니다. 같은 방법으로 **도착역을 선택**합니다.

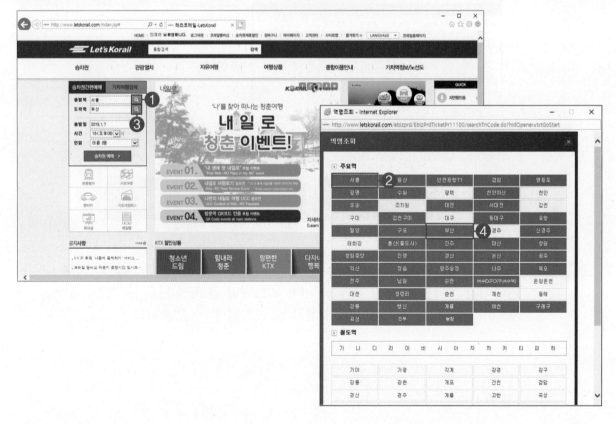

03 [출발일]의 🔲을 클릭하여 [열차운행 달력 조회] 창이 나타나면 **출발할 날짜를 선택**합니다.

04 [시간]의 ☑를 클릭하여 **출발 시간을 설정**하고 [인원]의 ☑를 클릭하여 **탑승 인원을 설정**한 후 [승차권 예매] 단추를 클릭합니다.

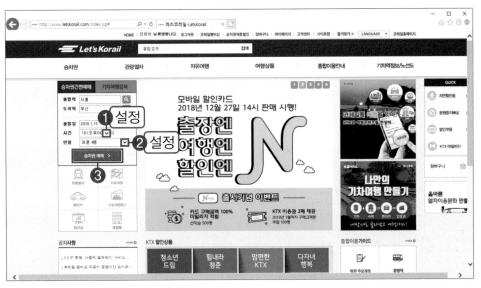

05 '조회' 페이지로 이동하면 화면 아래쪽의 열차 정보에서 원하는 열차의 `좌석선택` 을
클릭합니다.

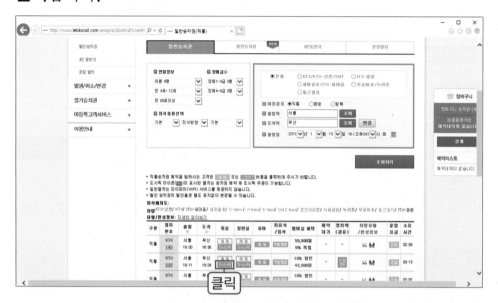

06 [좌석선택] 대화상자가 나타나면 예매가 완료된 좌석은 회색으로, 예매가 가능한
좌석은 컬러로 표시됩니다. 예약이 가능한 **좌석에 마우스 포인터를 가져가 '좌석
상세정보'**를 확인합니다.

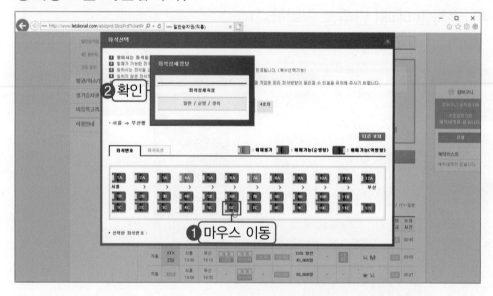

승차권 예약하기

01 원하는 **호차를 선택**한 후, **좌석을 선택**하고 **[선택좌석예약하기]** 단추를 클릭합니다.

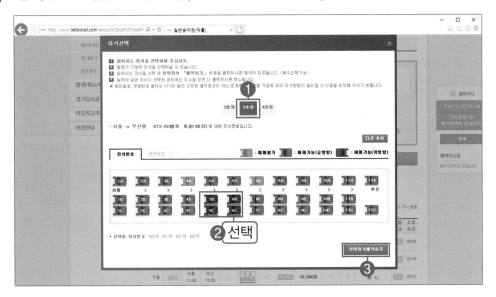

02 '20분 이내 결제하셔야 승차권 구매가 완료됩니다.'라는 메시지가 나타나면 **[확인]** 단추를 클릭합니다. 승차권 환불 위약금 안내 메시지가 나타나면 읽어 본 후 **[확인]** 단추를 클릭합니다.

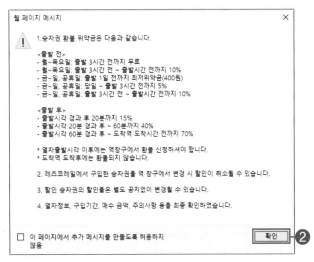

03 추가 할인 선택 사항을 선택하고 [할인적용] 단추를 클릭한 후 [결제하기] 단추를 클릭합니다. 할인 적용 항목이 없으면 바로 [결제하기] 단추를 클릭합니다.

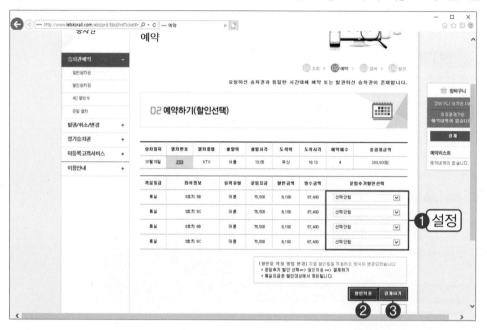

04 결제 방법을 선택한 후, 결제 정보를 입력하고 [발권하기] 단추를 클릭합니다.

배움터 [승차권]–[발권/취소/변경] 메뉴를 선택하면 예매 정보를 확인 및 수정할 수 있습니다.

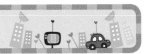

03 고속버스 승차권 예매하기

고속버스 승차권 조회하기

01 '고속버스 통합 예매(www. kobus.co.kr)' 홈페이지에 접속합니다. '편도'와 '왕복' 중에서 선택하고 [출발지]를 선택합니다.

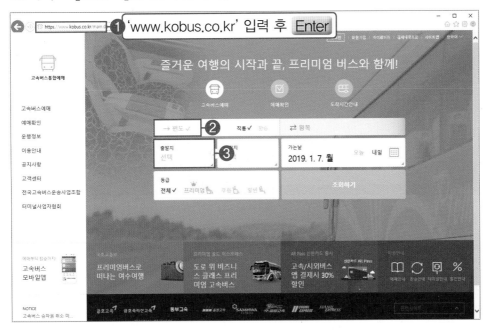

02 출발지와 지역별 터미널을 선택합니다.

03 자동으로 도착지 선택 화면으로 연결됩니다. **도착지와 지역별 터미널을 선택**합니다.

04 [가는날]을 클릭하여 **날짜를 선택**합니다.

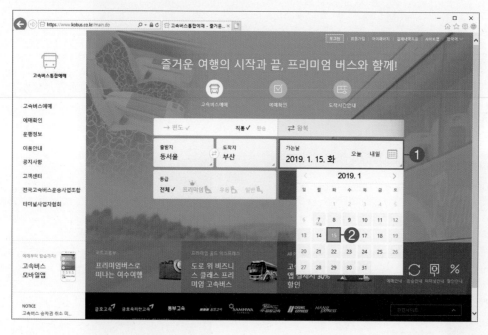

05 [등급]을 선택한 후 [조회하기] 단추를 클릭합니다.

06 [취소수수료 안내] 대화상자가 나타나면 확인한 후, [동의] 단추를 클릭합니다.

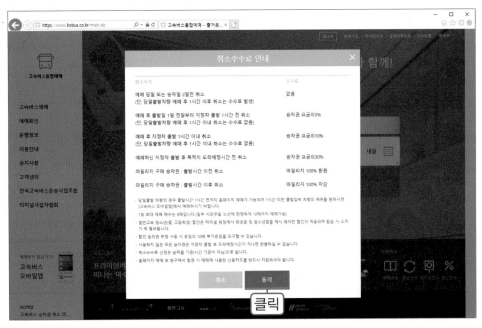

07 조회된 배차 목록이 표시되면 **원하는 버스를 선택**합니다. 예약 날짜를 확인하는 메시지가 나타나면 **[확인] 단추를 클릭**합니다.

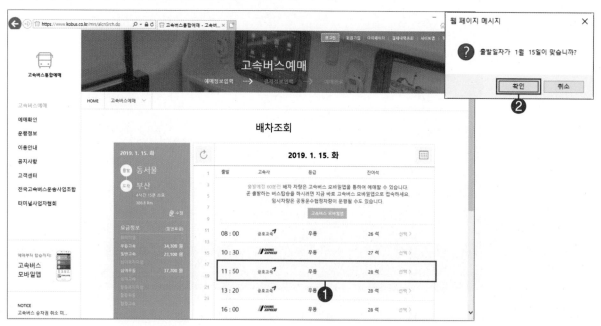

08 '매수 및 좌석 선택' 페이지가 나타나면 **[확인] 단추를 클릭**하고 예약 가능한 좌석 위치를 살펴봅니다.

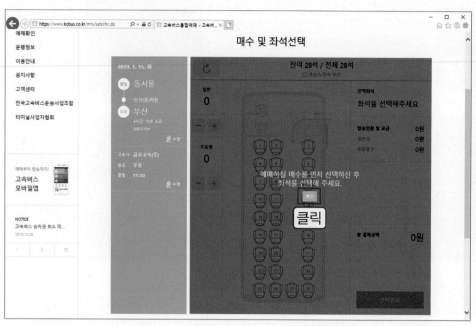

승차권 예매하기

01 매수를 설정하고, 원하는 좌석 위치를 선택합니다. 필요한 승차권의 **숫자만큼 반복**합니다. 필요한 만큼 설정했다면 **[선택완료]** 단추를 **클릭**합니다.

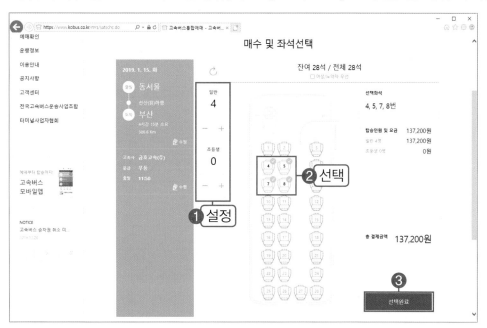

02 [로그인] 대화상자가 나타나면 회원으로 예매할지, 비회원으로 예매할지를 선택하여 로그인합니다. 여기서는 **[비회원 예매]** 단추를 **클릭**합니다.

03 '결제정보입력' 페이지로
이동되면 먼저 약관을 읽
고 **동의를 체크**합니다.

04 **예매 조회 정보를 입력**한
후 **발권 방법을 선택**하고
승차권 정보를 확인합니다.

05 **결제정보를 입력**하고 [결
제하기] 단추를 클릭합니
다. 아래쪽의 주의 사항
을 숙지해야 합니다.

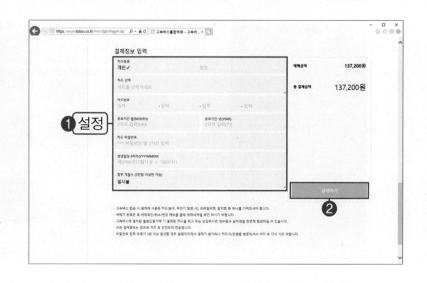

배움터 왼쪽의 [예매 확인]을 클릭하여 [예매확인/취소/변경]을 선택하면 예매 정보를 수정할
수 있습니다.

1 '롯데시네마(www.lottecinema.co.kr)' 홈페이지에 회원가입을 한 후 최근 인기작 영화 정보를 조회하고 예매를 해 봅니다.

2 '씨스포빌(www.seaspovill.co.kr)' 홈페이지를 통해 강릉에서 울릉도를 왕복하는 여정으로 선박을 예매해 봅니다.

09 인터넷으로 야무지게 쇼핑하기

이번 장에서는 가격 비교 사이트에서 상품을 검색한 후 최저가 쇼핑몰로 이동하는 방법과 오픈마켓에서 원하는 상품을 찾아 장바구니에 담거나 주문하는 방법에 대해 알아봅니다. 또한 인터넷으로 도서 정보를 검색하고 검색된 도서를 미리보기로 내용을 확인한 후 주문하는 방법을 익혀보도록 하겠습니다.

 무엇을 배울까요?

··· 가격 비교하여 최저가 쇼핑몰로 이동하기
··· 오픈마켓에서 상품 검색하기
··· 선택한 상품 장바구니 담기와 주문하기
··· 도서 미리보고 주문하기

인터넷으로 최저가 물건 찾기

가격 비교하기

01 물건의 가격 비교를 위해 '에누리(www.enuri.com)' 홈페이지에 접속하여 [태블릿/모바일]을 클릭한 후, [스마트폰,휴대폰]-[전체상품 보기]-[갤럭시노트9]를 선택합니다.

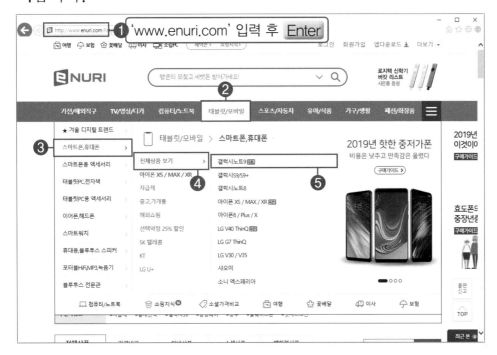

02 선택한 상품의 목록이 표시되면 **원하는 상품의 이미지를 클릭**합니다.

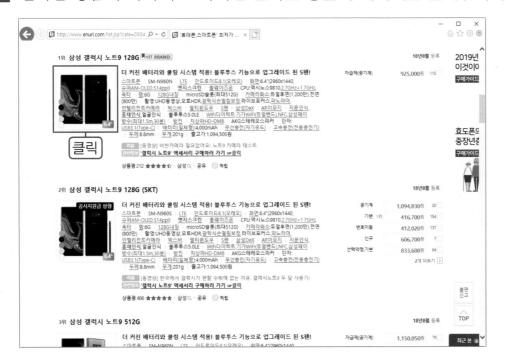

03 새로운 탭이 실행되면서 선택한 상품에 대한 정보와 함께 대형몰과 전문쇼핑몰에서 판매하는 가격을 비교하여 표시합니다. **가격비교 탭을 닫습니다.**

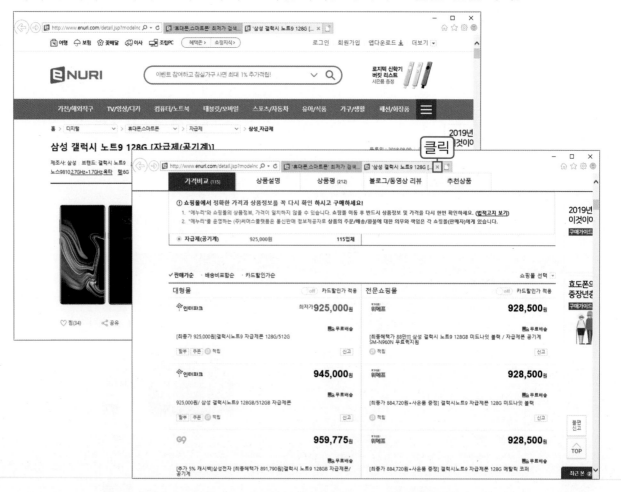

최저가 쇼핑몰로 이동하기

01 검색 입력란에 **'커피믹스'를 입력**하고 Enter 키를 누릅니다.

02 검색한 상품의 목록이 표시되면 **원하는 상품의 이미지를 클릭**합니다. 새로운 탭이 실행되면서 상세한 정보를 보여줍니다. 상품을 판매하는 쇼핑몰로 이동하기 위해 **[최저가 구매하기]**를 클릭합니다.

03 선택한 쇼핑몰의 해당 상품 페이지로 자동으로 이동됩니다.

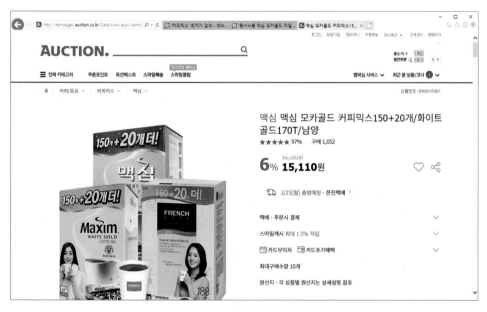

02 오픈마켓에서 상품 구입하기

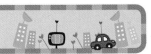

구입할 상품 선택하기

01 '옥션(www.auction.co.kr)' 홈페이지에 접속하여 **회원가입 후 로그인**을 합니다. 검색 입력란에 '**전기그릴**'을 입력하고 Enter 키를 누릅니다.

02 검색한 상품의 목록이 표시되면 원하는 **상품의 이미지를 클릭**하여 상품 페이지로 이동합니다.

🖱 장바구니 담기와 주문하기

01 선택한 상품의 배송 방법 및 배송비 등의 정보를 확인한 후 **제품의 세부 항목을 설정**합니다. 선택한 세부 제품 항목에 따라 '총상품금액'이 표시되면 금액을 확인한 후 **[장바구니]** 단추를 클릭합니다.

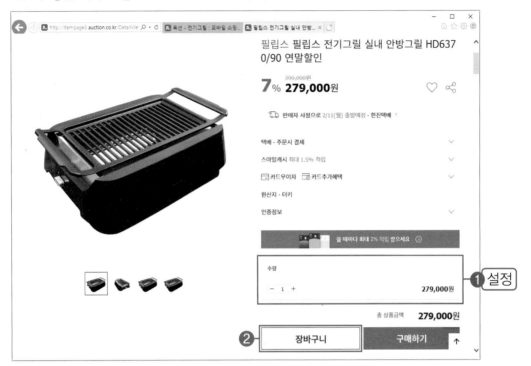

02 '장바구니에 상품을 담았습니다.'라는 메시지가 나타나면 **[장바구니 가기]** 단추를 클릭합니다.

03 '장바구니' 페이지로 이동되면 선택한 상품이 **장바구니에 담겨져 있는 것을 확인**합니다. 주문을 위해 **[주문 결제] 단추를 클릭**합니다. 주문 품목 수를 확인하는 메시지가 나타나면 **[확인] 단추를 클릭**합니다.

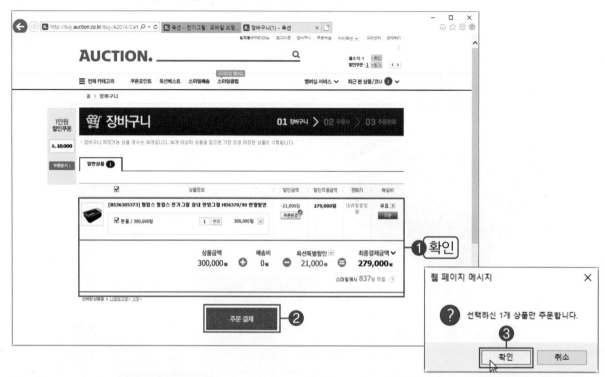

배움터 장바구니에 담겨진 상품은 주문이 완료되지 않은 상태이므로 주문이나 변경, 삭제가 가능합니다. 삭제를 하기 위해서는 상품 금액 오른쪽의 ⊠을 클릭합니다.

04 '주문자 정보', '배송지 정보', '결제 정보'를 설정한 후 **[결제하기] 단추를 클릭**하여 주문을 완료합니다.

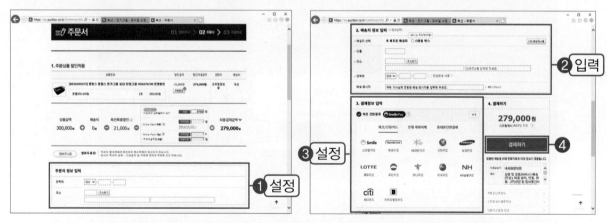

배움터 [마이옥션]을 클릭하면 주문 내역 및 배송 현황, 주문 취소 등을 할 수 있습니다.

03 인터넷으로 도서 주문하기

베스트셀러 검색하기

01 'Yes24(www.yes24.com)' 홈페이지에 접속하여 [베스트]-[국내도서]-[소설/시/희극]-[한국소설]-[한국 단편소설]을 클릭합니다. 선택한 분야의 베스트셀러 순위가 표시됩니다.

02 [월별 베스트] 탭을 클릭한 후, '2018년 12월'로 설정하고 [조회] 단추를 클릭해 이전 베스트셀러를 확인해 봅니다.

🖐 도서 정보 확인 및 주문하기

01 검색 입력란에 '**스마트한 생활을 위한**'을 **입력**한 후 Enter 키를 누릅니다. 검색어
가 포함된 도서가 검색되면 표지 이미지와 간단한 정보를 확인할 수 있습니다.

02 원하는 도서의 표지 이미지 아래쪽에 표시된 [**미리보기**] 단추를 클릭합니다.

배움터 미리보기가 지원되지 않는 도서는 [미리보기] 단추가 표시되지 않습니다.

03 선택한 도서의 미리보기 창이 실행되면 오른쪽의 ➡을 **클릭**하여 다음 페이지로 이동합니다. 미리보기를 확인한 후 해당 도서의 좀 더 자세한 정보를 보기 위해 **[상세 정보 보기] 단추를 클릭**합니다.

04 선택한 도서의 상세 정보가 나타납니다. 상세 정보를 확인한 후 **[바로 구매] 단추**를 **클릭**합니다.

05 '로그인 창' 페이지가 나타나면 **아이디와 비밀번호를 입력**한 후, **[로그인] 단추**를 **클릭**합니다. Yes24 회원이 아니라면 회원가입 후 로그인을 합니다.

06 상품금액과 배송지, 배송비, 배송일 정보 등을 확인합니다.

배움터 안전한 결제를 위한 결제용 암호화 프로그램 설치를 안내하는 메시지 창이 표시되면 [확인] 단추를 클릭하여 프로그램을 설치합니다.

07 배송주소와 주문고객 정보를 입력하고 결제 방법 등을 설정한 후 [결제하기] 단추를 클릭해 주문을 완료합니다.

08 선택한 결제 방법에 따라 결제를 진행합니다.

배움터) [마이 페이지]를 클릭하면 주문 내역 및 배송 현황, 주문 취소 등을 할 수 있습니다.

디딤돌학습

1 '이마트몰(emart.ssg.com)' 홈페이지에 회원가입을 한 후 로그인하여 상품을 장바구니에 담아 봅니다.

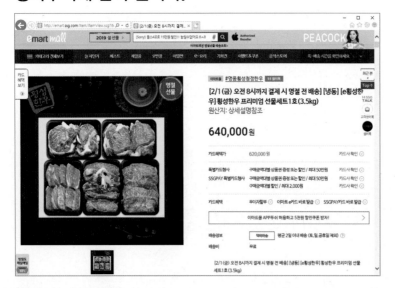

(도움터) [카테고리 전체보기]−[정육/계란류]−[소고기(국내산)] 선택 → 원하는 상품 선택 → [장바구니] 단추 클릭

2 '교보문고(www.kyobobook.co.kr)' 홈페이지에 접속하여 '연간' 기준으로 '자기계발' 분야의 베스트셀러를 확인해 봅니다.

(도움터) [베스트] 선택 → [연간] 선택 → [자기계발] 선택

10 인터넷으로 은행업무 보기

이번 장에서는 'NH농협 인터넷뱅킹'을 이용하여 인터넷으로 입출금 내역을 조회하고 통장사본을 출력하는 방법에 대해 알아봅니다. 또한 농협에서 제공하는 가계부 프로그램을 이용해 수입과 지출 정보를 관리하는 방법도 익혀보도록 하겠습니다.

무엇을 배울까요?

- ···➔ e농협회원으로 가입하기
- ···➔ 내 계좌 등록하고 입출금내역 조회하기
- ···➔ 나의 통장사본 출력하기
- ···➔ 가계부에 수입과 지출 정보 입력하고 관리하기

01 계좌 등록 및 조회하기

🖱 **e농협회원으로 가입하기**

01 'NH농협 인터넷뱅킹(banking.nonghyup.com)' 홈페이지에 접속하여 [로그인] 단추를 클릭합니다.

02 회원으로 가입하기 위해 [e농협 회원가입]을 클릭합니다.

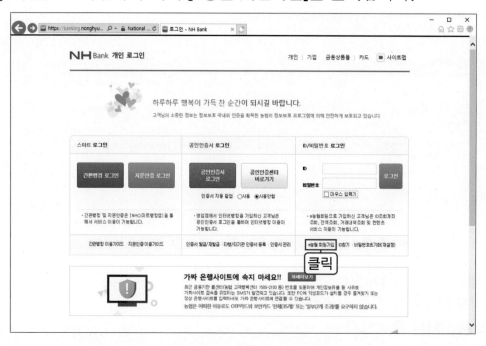

배움터 내 통장정보 보호를 위해 보안 모듈을 설치해야만 합니다.

03 'e농협회원가입' 페이지가 나타납니다. 1단계 '약관 동의'에서 **약관에 모두 체크 표시**를 한 후 **[예] 단추를 클릭**합니다.

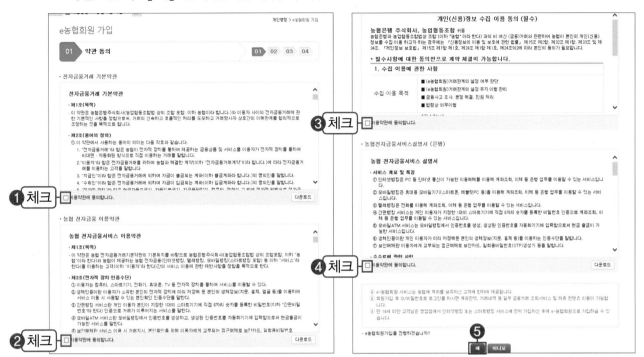

> 🔵 **배움터** 이용 약관 항목의 오른쪽에서 [다운로드] 단추를 클릭하면 약관의 내용이 새로운 페이지에 열립니다.

04 2단계 '본인 인증'에서 **보유한 농협은행 계좌나 카드 정보를 입력**하고 **[조회] 단추를 클릭**합니다.

> 🔵 **배움터** 금융 정보 및 개인 정보가 타인에게 유출되지 않도록 주의합니다.

05 3단계 '정보 입력'에서 동일한 **이용자 비밀번호를 두 번 입력**하고 **[확인]** 단추를 클릭합니다.

06 4단계 '가입 완료'에서 **[확인]** 단추를 클릭합니다.

🖱 내 계좌 등록하기

01 자신의 ID와 비밀번호를 입력한 후 [로그인] 단추를 클릭하여 로그인합니다.

> 🏷 **배움터** 공인인증서로 로그인하면 계좌 이체 등을 사용할 수 있습니다. 공인인증서로 로그인하기 위해서는 영업점을 방문하여 인터넷뱅킹에 가입한 후, 공인인증센터에서 인증서를 발급받아 등록해야 합니다.

02 로그인이 되면 '전계좌조회' 페이지에서 [e농협회원조회계좌관리] 단추를 클릭합니다.

03 'e농협회원 조회계좌관리' 페이지가 나타나면 [신규등록] 단추를 클릭합니다.

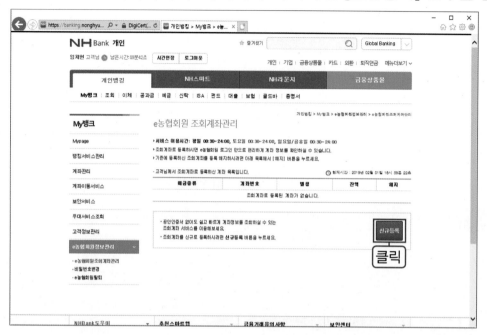

04 1단계 '조회계좌 등록 조회'에서 자신의 **계좌번호와 계좌비밀번호를 입력**한 후 [확인] 단추를 클릭합니다.

05 2단계 '조회계좌 등록 확인'에서 자신의 계좌가 맞는지 확인한 후 **[확인]** 단추를 클릭합니다.

06 3단계 '조회계좌 등록 결과'에서 다시 자신의 계좌가 맞는지 확인한 후 **[확인]** 단추를 클릭합니다.

배움터 다시 [신규등록] 단추를 클릭하면 여러 개의 계좌를 등록할 수 있습니다.

🖱 입출금거래내역 조회하기

01 화면의 왼쪽 위에서 [개인
뱅킹]-[조회]-[거래내역조
회] 메뉴를 선택합니다.

02 '입출금거래내역' 페이지
가 나타나면 **계좌번호 및
조회기간을 설정**한 후 [조
회] 단추를 클릭합니다.

03 선택한 기간에 거래된 입
출금 내역이 표시되는 것
을 확인합니다.

📖 통장사본 출력하기

01 [개인뱅킹]−[증명서]−[통장사본출력] 메뉴를 선택합니다. '통장사본 출력서비스' 페이지가 나타나면 [출력] 단추를 클릭합니다.

02 선택한 계좌의 통장사본이 표시되면 화면 위쪽에서 [PDF저장/인쇄]를 클릭합니다. 다운로드 실행 여부를 묻는 창이 나타나면 [열기] 단추를 클릭합니다.

> **배움터** [저장] 단추를 클릭하면 통장사본을 pdf 파일 형태로 내 컴퓨터에 저장할 수 있습니다.

03 PDF 문서를 볼 수 있는 프로그램이 실행되면 **[인쇄(🖨)]를 클릭**합니다.

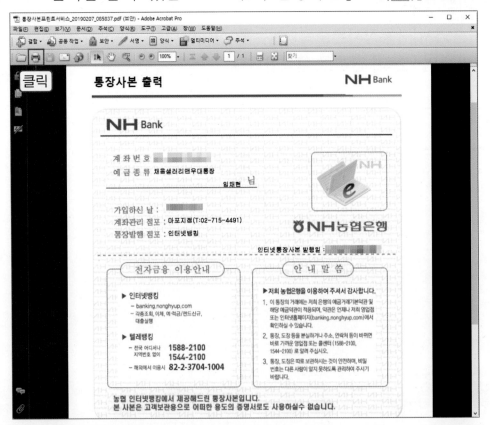

04 **[인쇄] 대화상자에서 [확인] 단추를 클릭**하여 **출력된 결과를 확인**합니다.

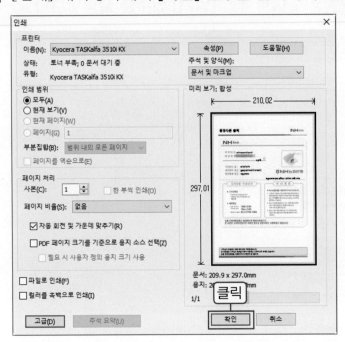

02 가계부 이용하기

01 화면 우측 상단의 **[금융상품몰]–[농협은행]** 메뉴를 선택합니다.

02 'NH Bank 금융상품몰' 페이지로 들어가면 화면 우측 상단 **[스마트 자산관리]–
[금융부가서비스]** 메뉴를 선택합니다.

03 페이지 아래쪽의 **[가계부]** 메뉴를 선택합니다.

04 '가계부' 페이지로 이동하면 하단의 **[일자]** 입력란을 클릭한 후, 달력에서 **원하는 날짜를 선택**합니다.

05 [내용]과 [수입] 혹은 [지출] 정보를 입력한 후 [구분]과 [분류]를 설정합니다.

06 나머지 항목도 추가한 후 [저장] 단추를 클릭합니다. 안내 메시지가 나타나면 [확인] 단추를 클릭합니다.

07 [달력보기] 탭을 선택하여 수입과 지출이 등록된 날짜에 표식이 나타나는 것을 확인합니다.

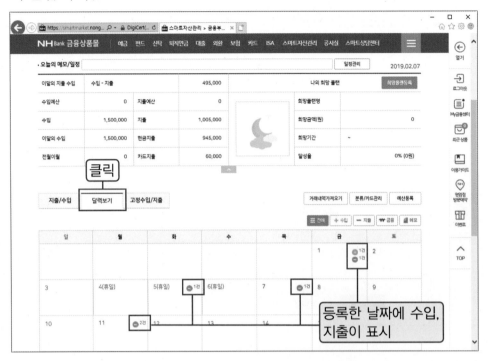

08 [지출/수입] 탭을 선택한 후, 삭제할 항목을 체크 표시하고 [행삭제] 단추를 클릭합니다. 선택한 항목의 내용이 삭제됩니다.

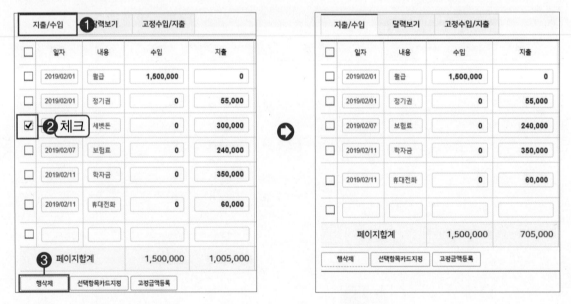

09 [저장] 단추를 클릭하여 저장한 후, 화면 위쪽에서 [로그아웃] 단추를 클릭해 접속을 해제합니다.

1 자신이 거래하는 은행 사이트에 접속하여 계좌 정보를 입력하여 온라인 회원으로 가입해 봅니다.

도움터 국민은행의 경우 : [로그인] 클릭 → 아이디 조회 → [온라인고객관리]–[온라인 고객 신규가입]

2 자신의 계좌를 등록하여 계좌를 조회해 봅니다.

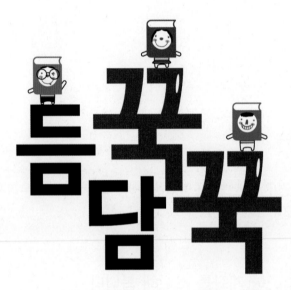

듬꾹이, **담꾹이**, **꾹꾹이**는 독자를 생각하는 마음으로
더 알찬 정보와 지식들을 듬뿍 도서에 담았다는 의미로
탄생하게 된 '시대인'의 브랜드 캐릭터입니다.